Ewald Endres
WAS GEHT AUF EINE KUHHAUT?
Ein Leben im 20. Jahrhundert

*Mit freundlichen Grüßen
vom Verfasser
Ewald Endres*

Impressum:
Abdruck auch auszugsweise
nur mit Genehmigung des Verfassers

Verfasser: Ewald Endres, Zum Donnerbach 70,
 50321 Brühl, Tel. 02232/26170
Zu beziehen durch die Buchhandlung
Rolf Köhl, Kölnstr. 30 u. Balth.-Neumann-Platz, 50321 Brühl   und Verfasser

Gesamtherstellung
Druck- u. Verlags GmbH Becher Brühl
ISBN-Nr. 3-922 634-08-7

	Inhaltsverzeichnis	3
	Vorwort	5
Teil I:	**Epoche 1918 – 1948**	
	Vertreibung 1918 aus Lothringen	7
	Brötchen und Schalmeien	17
	Lehrjahre sind keine Herrenjahre	23
	Hacke und Schaufel	31
	Himmelsbolero (Geschwader Boelcke)	34
	Letzter Gruß	38
	Woronesch und Stalingrad	40
	Besuch von der anderen Seite	44
	Dem Chaos entronnen	50
	Internierung, nicht Gefangenschaft	56
	Die Flucht in den Westen 1945	60
	Stacheldraht ist kein Hindernis	60
	Mit unserer Tochter durch Nacht und Nebel	62
	Auch ich habe noch einen Koffer...	63
	Bleibe wo du bist und nähre dich redlich	64
Teil II:	**Epoche 1949 – 1988**	
	Der Wiederaufbau	69
	Die Durststrecke	69
	Das Wirtschaftswunder	71
Teil III:	**Epoche 1989 – 1990**	
	Vom Rhein an die Wolga, 1. Tour 1989 im Zeichen der Perestroika bis Kiew	84
	400-Jahr-Feier der Stadt Wolgograd, 1989	
	Vom Rhein an die Wolga, 2. Tour 1990 im Zeichen der Wiedervereinigung bis Wolgograd	106
	Nachwort	142

Vorwort

Daß ich diese Zeilen schreiben kann, grenzt an ein Wunder. Es ist mit ein Grund, warum ich zur Feder greife. Aber auch darum, weil immer mehr die Bitte an uns Veteranen gerichtet wird: „Ihr, die ihr die Vergangenheit erlebt habt, schreibt sie auf und haltet sie fest. Sie darf nicht verloren gehen."

Man kennt den Spruch: „Was geht auf eine Kuhhaut?" Auf meiner Kuhhaut sind Erlebnisse, die man Schicksal nennt. Denn ich lebte in einer bleihaltigen Zeit. Das Buch führt uns durch die Epochen von 1918 – 1990. Wir werden erinnert an das Kaiserreich, die Weimarer-Republik, das „Dritte Reich", die Bundesrepublik mit ihrem Wiederaufbau und dem Wirtschaftswunder bis zur Wiedervereinigung.

In meinem Leben komme ich mir vor wie ein Tänzer, der durch die geschichtlichen Jahrzehnte tanzt und ständig vom Schicksal verfolgt, behütet und bewahrt wurde.

Im August 1993   *Der Verfasser*

Teil I
Epoche: 1918 – 1948

Vertreibung 1918 aus Lothringen

Am 4. Februar 1918 erblicke ich das sogenannte Licht der Welt. Mein Vater ist Saarländer, meine Mutter Hannoveranerin. Meine Schwester Friedel ist schon zwei Jahre vor mir da. Kennengelernt haben sich meine Eltern in Einbeck bei Hannover. Vater ist Soldat natürlich. Mutter ist Krankenschwester hier im Lazarett. Ein Erinnerungsfoto zeigt meinen Vater als Rekrut mit Pickelhaube. Diese Pickelhaube hat meine und meiner drei Brüder Fantasie lange Jahre angeregt. An die Front ist Vater nicht gekommen. Als Steiger ist er für den Bergbau unter Tage freigestellt.

Das Länderdreieck Saar, Elsaß-Lothringen und Luxemburg ist unser Lebensraum. Mein Geburtsort ist Deutsch-Oth in Lothringen bei Diedenhofen. Es ist ein Grenzort zu Luxemburg mit dem treffenden deutschen Ortsnamen. In Esch, Luxemburg hat mein Vater die Bergbauschule besucht und dort sein Examen gemacht. Wenn ich mit meinen 73 Jahren zur Feder greife, um alles Erlebte meinen Enkeln und auch der Nachwelt zu überliefern, so ist das für mich ein Bedürfnis und eine Verpflichtung.

Der Krieg liegt in den letzten Zügen. Die „Kölnische Volks-Zeitung" zitiert den Heeresbericht vom 4. Februar 1918, meinem Geburtstag, so:

> *„Zur Kriegslage. Der deutsche Tagesbericht. Westlicher Kriegsschauplatz. Heeresgruppe Kronprinz Rupprecht.*
>
> *An der flandrischen Front kam es am Nachmittag zwischen dem Houthousterwald und der Lys zu lebhaftem Artilleriekampf. Auch in der Gegend von Lens, beiderseits der Scarpe und westlich von Cambrai lebt die Feuertätigkeit zeitweise auf. Bei Monehy ist ein starker Erkundungsvorstoß der Engländer abgewiesen."*

Ja, es wird noch scharf geschossen, es ist noch Krieg in meinem jungen Leben. Von den Kampfhandlungen des Krieges soll ich und meine Familie auch noch betroffen werden.

Als Säugling kann man noch nichts an Erinnerungen aufnehmen. Ist man aber schon etwas älter, so drei bis fünf Jahre, fängt der Kleine an zu fragen: „Mama, wie war das und wo war das" und auch „warum war das?". So habe ich auch das, was ich hier aufführe, von meiner Mutter erfragt. Schon früh fange ich an zu „bohren". Was sie mir erzählt, nehme ich auf und bewahre es in meinem Gedächtnis und in meinem Herzen.

Es ist wohl müßig zu fragen, wie ging es den Menschen damals. Am 4.2.1918 zeichnet sich wohl schon eine Niederlage ab. Die Versorgung mit Lebensmitteln ist dürftig. Steckrüben kommen u. a. auf den Tisch. An der Front bekommt der Feind das Übergewicht. Auch die Angriffe der englischen Flieger häufen sich. Sie werfen nicht nur Bomben, sondern auch die berüchtigten Fliegerpfeile. Bei einem dieser Angriffe liege ich mit meiner Mutter im Bett und sie stillt mich. Ein Bombensplitter saust durch das Fenster über unser Bett in die Wand. So lautet die Überlieferung meiner Mutter. Das ist der Beginn einer „bleihaltigen Zeit" in meinem Leben. Die Panik in diesem Augenblick habe ich von ihr in mir aufgenommen. Das soll ich später noch erfahren. Wie ein verwundetes Tier lebte nun die Nation. So ziehen sich die Monate bis November 1918 hin, dem Ende des Krieges entgegen. Das Wort Ende kann man auch in diesem Falle mit Erlösung bezeichnen.

Klein-Ewald als deutsch-französischer Europäer 1918

Am 11.11.1918 ist der lange ersehnte Waffenstillstand ausgehandelt. Nun beginnt das Spiel der Sieger mit dem Besiegten. Die Beute wird jetzt aufgeteilt. Wie immer, der Sieg wird gefeiert, der Besiegte in die Knie gezwungen und gedemütigt. Er muß zahlen. Reparationen ist das eine, Landabtrennung das andere. Die Aktionen der Sieger sollen auch mein junges Leben beeinflussen. Die Auswirkungen dieser Maßnahmen wirken sich in den nächsten Jahren in allen Staaten, bei Siegern wie Besiegten, verheerend aus. Kein vernünftiger Kopf ist da, der die Friedensvertrags-Forderungen der Sieger auf ein real vernünftiges Maß setzt.

Nun wieder zur Sache. Das Sagen in Elsaß-Lothringen haben nun die Franzosen. Jetzt wird umgestellt. Von unten wie Gemeinde, Kreise, Bezirke, bis oben zur Landesgrenze. Durch einen Federstrich sitzen wir jetzt im Ausland. Aber das ist nicht so einfach. Die Luft können wir atmen wie bisher, die kennt keine Grenzen. Aber die Ernährung, die Arbeit usw., das bekommen wir nun von den Franzosen. Die stellen aber an Vater die Frage: „Wollen Sie ferner zu Frankreich oder wie bisher zu Deutschland gehören?" Es gilt nur eine Antwort. Einen Kompromiß gibt es nicht.

Ich selbst bin gerade neun Monate alt. Vater und Mutter müssen sich binnen 24 Stunden entscheiden. Sie entscheiden sich für das Letztere. Wie schnell verrinnen 24 Stunden. Was ist in den Köpfen meiner Eltern vorgegangen? Das Nötigste wird nun zusammengerafft und ab geht es zum Bahnhof. Ich möchte festhalten, mit neun Monaten war ich schon Flüchtling in der Weimarer Republik. In diesem Falle ist meine Fluchtrichtung von West nach Ost. Im Falle meiner Tochter, auch mit 9 Monaten, umgekehrt von Ost nach West. Aber darüber später in diesem „Welt-Theater". In Borlinghausen, im Teutoburger Wald, ist für unsere Familie der erste Aufenthalt. Gesorgt wird schon für uns. Als Steiger unter Tage kommt Vater da im Bergbau zu Arbeit und Brot. Bruder Walter wird hier 1920 geboren.

Wir schreiben das Jahr 1921. Mit drei Jahren beginnen meine eigenen Wahrnehmungen. Eine Rutsche im Stroh in einer Scheune ist das erste Erlebnis, das in meiner Erinnerung haften geblieben ist. Nein, was gibt es doch für schöne Sachen auf dieser Welt. Das kann ja nur noch schöner werden. Zu allem bin ich aufgeschlossen. Vor allem zur Technik, alles was da rollt und sich bewegt findet mein Interesse. Vater muß eine neue Stelle aufnehmen. Er wird zur Siegerländer-Eisenerz- Industrie versetzt. Unser neuer Wohnsitz ist Luckenbach bei Hachenburg im Westerwald.

Wir schreiben das Jahr 1922. Zu dieser Zeit wird in diesem Gebiet nach neuen Eisenerzlagern geschürft. Ein Schacht wird in den Berg getrieben. Darauf setzt man einen Förderturm mit einer Haspelanlage und dem Förderkorb. In 100 – 150 m Tiefe treibt man die Stollen in den Berg und sucht nach Eisenerz. Vater

Gasser-Michel — *als Mittelpunkt und Tonangeber*

Epoche: 1918–1948　　　　　　　　　　　　Vertreibung 1918 aus Lothringen

Glück-Auf Glück-Auf der Steiger kommt

Vertreibung 1918 aus Lothringen   Epoche: 1918-1948

Ein Foto-Termin in Luckenbach 1925
X = Ewald in strammer Haltung

merkt schon, daß ich dafür auch aufgeschlossen bin. Es dauert nicht lange, da nimmt er mich zum Bergwerk mit. Allein der Weg zur Grube über Kotzenrod ist mit meinen vier Jahren schon ein Erlebnis. Das Summen und Surren der Telefondrähte weckt in mir Staunen und Bewunderung. Dort angekommen, geht es hinein in den Förderkorb und runter in den Schacht. Das ist nun eine eigene Welt. Ich sehe mich um und komme aus dem Staunen nicht heraus. Sehr feucht ist es im Stollen. Kleine Bäche laufen an den Minenschienen vorbei. Überall sehe ich kleine Rinnsale. Die Pumpen arbeiten das Wasser ständig nach oben. Auf den Schienen fahren voll beladene Loren zum Schachtaufzug. Bergkristalle glitzern im Karbidlampenlicht. Aber Eisenerz ist nicht ausreichend vorhanden.

Bruder Alfred kommt 1922 zur Welt, ihm folgt Bruder Kuno 1923. Die Eltern haben Schwierigkeiten bei der Namensgebung des Letztgenannten. Da tritt Reichskanzler Kuno als Regierungschef an. Vater gibt ihm den Namen. Die beiden Brüder sind da, und müssen ernährt werden. In dieser Zeit ist das besonders schwierig. Die Nachwehen des Krieges lasten noch schwer auf dem Land. Die Reparationen belasten das Wirtschaftsleben. Der Hunger ist unser Begleiter, aber Vater sorgt schon für Nahrung. Dabei wandern wir die Mühlen um Luckenbach ab. Ich darf immer dabei sein. Für die Familie kauft er Mehl, Kleie usw. Dabei

11

bekomme ich von der Müllerin etwas zum Essen vorgesetzt. Obwohl es mir von Herzen gegönnt ist, schmeckt es mir nicht. Warum wohl? Weil ich merke, daß Not im Lande ist. Daß dies nicht die Normalität sein kann. Daß die Erwachsenen ihr Gemeinschaftsleben nicht im Griff haben. Die Schuldfrage? Die kann ich ja noch nicht ergründen. Noch nicht. Vater nimmt mich immer auf seinen Streifzügen mit. Sogar mit ins Wirtshaus. Er trinkt ab und zu auch mal ein Bier. Gefragt werde ich u. a. dann: „Na Ewald, wie alt bist du denn?" Meine Antwort! „Vier Jahre und noch keine Frau". Die Lacher sind auf meiner Seite.

In die nahe gelegene Stadt Hachenburg wandert Vater oft zum Einkaufen. Mit 5 Jahren darf ich auch zum erstenmal mitgehen. Vor der Stadt verläuft die Eisenbahnlinie. Da ist auch der Bahnhof. Da stehe ich nun und schaue und schaue und kann nicht genug sehen. Da liegen die Schienen, da sind die Weichen mit den weiß-roten Laternen. Dann sehe ich weiß-rote Markierungspunkte. Derweil ich so stehe und in Richtung Bahnhof schaue, ist mein Vater schon einige hundert Meter weiter gegangen. Er kann ja nicht ahnen, was in seinem Sohn vorgeht. Inzwischen hat sich ein Zug genähert und rollt an mir vorbei. Das ist aber der absolute Höhepunkt, die Lokomotive so nahe unter Dampf und in ihrer Funktion zu sehen. So mächtig habe ich sie ja noch nicht erlebt. Es zischt und faucht. Überall quillt Qualm aus ihrem Bauch. Die Lok hat mich erschüttert. Nein, was bietet die große Welt doch für Überraschungen. Immer neugieriger werde ich und will nun mehr sehen.

Die berüchtigte Inflation ist inzwischen auch im Land. Die Eltern haben ihre Schwierigkeiten damit. Die Kaufkraft des Geldes, sprich Papierscheine in Beträgen bis zu einer Billion, möglichst schnell in Naturalien und sonstige Werte umzusetzen. Im Zusammenhang mit der Inflation habe ich ein besonderes Erlebnis. Meine kleinen Kulleraugen staunen nicht schlecht, als ich eines Tages im Schnee, im Winter 1923 / 24, vor dem Wirtshaus ca. 20 Geldmünzen der alten Währung entdecke. Ich bringe sie alle zu meiner Mutter in der Hoffnung, ihr eine Freude zu machen. Sie tröstet micht, streicht mir über die Haare und erklärt mir, wie wertlos diese blanken Taler sind.

Weihnachten 1923 steht vor der Tür. Die Eltern machen immer ein schönes Fest daraus. Sogar die Geschenke sind von besonderer Klasse. Einmal ist es ein Druckkasten, dann ein Stabilbaukasten. Zu diesem Weihnachtsfest bekomme ich eine Ulanen-Uniform mit Gewehr und Zielscheibe. Ich ziehe sie an und staune, wie sie meinen Stolz wachsen läßt. Schon am 2. Weihnachtstag marschiere ich zum Bürgermeister. Da wird bei ihm die Zielscheibe aufgehängt und los geht die Schießerei. Man läßt mir die Freude. Das Dorf hat auch eine Schmiede. Oft laufe ich dahin und schaue gerne zu. Sie ist ein Mittelpunkt im

Dorf. Die jungen Burschen sind auch immer da. Es wird viel dummes Zeug gemacht und gescherzt, so wie heute. Einer ruft: „Ewald, bring mal das Eisen her." Ich fasse es an, ein Schrei. Es ist noch sehr heiß. Die Finger habe ich mir verbrannt. Ich laufe raus aus der Schmiede an die frische Luft. Die Bande höre ich hinter mir grölen und lachen. Das habe ich aber nicht mehr als einen Scherz empfunden. Nun habe ich keine Traute mehr nach Hause zu gehen. Zu allem Übel belüge ich meinen Vater auch noch und werde zur Strafe in den dunklen Speicher gesperrt.

Jedes Dorf hat sein Zentrum. Das ist bei uns der Platz vor dem Wirtshaus. Dort treffen sich drei Straßen aus verschiedenen Richtungen. Auch wir Kinder versammeln uns hier. Nach dem Frühschoppen am Sonntag ist dann Alt und Jung zusammen. Hier an diesem Platz wohnen wir auch. Auch der Alhäuser Hermann, in einem Fachwerkhaus mit Basalt-Fundament. In solch einem Basaltstein befindet sich ein Loch. Es ist 2 cm breit, 5 cm tief und befindet sich in ca. 60 cm Höhe. Wie kommt so ein Loch in den harten Basalt? Mir erzählte jemand, daß dieses Loch von den Vorfahren ausgepinkelt worden sei. Das habe ich weiter erzählt. Nun stehen doch die Jungens vor dem Loch und pinkeln und bohren es immer tiefer.

Mittlerweile haben wir auch schon eine Ziege im Stall. Für Futter sorgen wir Jungens. Die Umgebung von Luckenbach wird immer mehr und weiter erforscht. Da wird jeder Pfad belaufen, jeder Fels erklettert. Bis in die Baumkronen klettern wir und schaukeln mit der Baumkrone was das Zeug hält. Wir schwingen hin und her. Mit den größeren Jungens gehen wir an den Bach. Forellen fangen wir. Das verlangt ein besonderes Geschick. Die Ufer werden mit den Händen abgetastet. Mit beiden Händen wird der Fisch in die Enge getrieben, dann erfolgt der Zugriff. Dabei gibt es auch schon Überraschungen. Einmal wird bei solch einer Aktion eine Kreuzotter aufgescheucht. Da hatte ich die Nase voll. In unserem Dorf ist immer für Abwechslung gesorgt. Einmal in der Woche wird das „Backes" angeheizt. Zu Hause machen die Frauen die Brote fertig. Auf langen Brettern tragen sie die auf der Schulter zum angeheizten Backofen. Die brennenden Reisigbündel haben den Ofen erhitzt, die Asche kommt raus und die Brote rein. Mit einem Schieber werden die Brote eingeschoben. Oft habe ich zugeschaut. Bis die Brote gar sind, vergeht eine Zeit. Dann wird von den Frauen erzählt, geklönt und gequatscht. Zum Schluß bekommen die Brote noch eine Glasur aus Zuckerwasser. An dem Backes läuft ein Bach vorbei. Auf den angrenzenden Wiesen bleichen die Frauen ihre Wäsche. Sie wird so weiß, weißer geht es nicht mehr. Der Duft und das Weiß der Wäsche ist einmalig. Soweit ist die Welt hier noch in Ordnung. Mutter geht mit uns Kindern in gewissen Zeitabständen in

Epoche: 1918–1948   Vertreibung 1918 aus Lothringen

Zur Erinnerung an meine Schulzeit

*Gruppenbild mit Damen
in Luckenbach
1925*

den Wald zum „Tiefen Seifen". Holz und Tannenzweige sammeln wir dort. Es wird gebündelt und nach Hause geschleppt. Der Ofen muß ja brennen. Das Essen wird darauf gekocht, am Abend erwärmt er uns die Küche. Wenn es draußen dunkel ist, sitzen wir alle um den Ofen herum. Mutter hat oft noch eine Pfanne Bratkartoffeln darauf stehen. Ich erinnere mich noch genau. Sie fragt uns, ob wir noch essen möchten, ob wir noch Hunger hätten. Ich schüttele mit dem Kopf. Bei diesem Chaos allgemein schmeckt es mir nicht. Wenn die anderen nur satt sind bin ich zufrieden.

Das Licht ist aus. Durch die Ofenschlitze leuchten die Flammen wie Nordlichter an der Decke. Dann singt Mutter die alten Volkslieder vor. Vom Tiroler Land, das Zigeunerlied, wann schlägt die Stunde und wann darf ich gehn usw. Sie klingen mir heute noch in den Ohren. Das sind die Sternstunden unserer Familie.

Der Stollen in Kotzenrod bringt kein ergiebiges Erzvorkommen. Die Grube wrd stillgelegt. Vater muß die Arbeitsstelle wechseln. Er geht in Luckenbach in den Steinbruch. Das ist eine ungewohnte und harte Arbeit für ihn. Mit dem Fäustel haut er Pflastersteine.

Mit sechs Jahren werde ich eingeschult. Damit bin ich einverstanden, denn ich will ja etwas werden in meinem Leben. Meine Erlebnisse bekommen ab jetzt ein größeres Gewicht. Da ist z. B. am Sonntagmorgen der allgemeine Treff vor dem Wirtshaus nach dem Frühschoppen. Es ist ein zwangloses Treffen nach einer Woche harter Arbeit. Da wird über alles diskutiert. Die allgemeinen Zeitgeschehnisse, das Kriegsende und seine Folgen, die Besetzung des Rheinlandes, die Inflation, das Parteienspektrum und vor allem die Sozialfragen. Themen in Hülle und Fülle. Da stehen sie nun in kleinen Gruppen. Die Wortführer reden mit Händen und Füßen. Die Umstehenden nicken mit dem Kopf, verziehen ihre Mienen oder schütteln mit dem Kopf. Ich schaue mir das Theater an. Wenn ich nur wüßte worüber sie so heftig reden. Mein Nachteil ist der, daß ich so klein bin, verstehen kann ich das nicht. Ich muß näher kommen können, dann könnte ich sie verstehen. Da krieche ich einfach den Herrn zwischen die Beine. So viel Luft ist schon zwischen ihnen. Ich muß allerdings höllisch aupassen, daß ich nicht einen Fußtritt bekomme. Jedenfalls höre ich jetzt besser. Was höre ich jetzt? Sozialismus ist das meistgesprochene Wort. Es folgt der Kapitalismus, dem wiederum das Wort Kommunismus. Ich höre aber heraus, daß es ihnen um das liebe Geld geht und die Versorgung ihrer Familien. Da drückt allen der Schuh. Ihre Frauen warten schon mit dem Mittagessen. Friedlich gehen sie auseinander.

Mein Tagesablauf besteht jetzt aus Schule, lernen und spielen. Die Straßen im Ort bekommen mehr und mehr den steigenden Verkehr zu spüren. Da fahren Motorräder, Dreiräder, Personen- und Lastwagen. Alle sind für mich von großer

Bedeutung und Interesse. An dem Wirtshaus ist ein Parkplatz. Dort parken die neuesten Modelle, aber auch uralte Vehikel. Von meinen Augen werden sie „auseinandergenommen". Ich selbst fahre einen ausrangierten Kinderwagen. Damit fahre ich – und nicht schlecht. Die LKW donnern mit ihren Vollgummireifen durch das Dorf. Man kann sich vorstellen, wie die Straßenoberdecke von denen bearbeitet wird. Laufend gibt es Schlaglöcher. Die Straßenboberdecke besteht aus Basalt-Schotter mit eingeschlemmtem Sand. Mit der Dampfwalze wird das Material verdichtet. So auch eine Reparatur im Frühjahr 1924. Die Baustelle ist genau vor unserer Tür. Nicht lange dauert es, dann bin ich auch mit meiner Nase dabei. Mit der Dampfwalze darf ich schon mitfahren. Das ist schon etwas besonderes für mich. Mein Gesicht wird mit Ruß geschwärzt und ich darf die Dampfwalze fahren, darf Gas geben. Das ist für mich wieder ein Höhepunkt. Mein Mittagessen esse ich in der Pause mit den Straßenarbeitern zusammen.

Meine Steifzüge werden immer unternehmenslustiger und weiter. Die Umgebung des Dorfes erforsche ich immer mehr. So auch die Hochfläche hinter dem Bach, über dem steilen Trampelpfad zum Felsen hoch. Dort oben sehe ich die große weite Welt und es riecht nach Freiheit. Oft zieht es mich hier hin. Besonders im Frühling. Dann ist in der Frühe des Tages viel Leben in der Natur, aber auch besinnliche Ruhe. Im hellen Sonnenschein steigen die Lerchen hoch. Sie haben es mir angetan. Mit ihrer besonderen Flugtechnik und ihrem Getriller zeigen sie mir ihre Lebensfreude. Ich schaue ihnen nach bei ihrem Aufstieg zum Fluggipfel, bis sie wieder zurück zur Erde segeln. Das ist für mich ein echtes Naturschauspiel. Ja diese Hochfläche. In meiner Fantasie male ich mir aus, hier muß wohl der Wettlauf zwischen dem Hasen und dem Igel stattgefunden haben. Zum Dorf hat der Steilhang oben einen Felsvorsprung mit einem Plateau. Wie ein Balkon schaut das aus. Auch diesen Ort suche ich oft auf. Wenn ich da bei schönem Wetter stehe, bekomme ich Sehnsucht über diesem Land zu schweben.

Vater und Mutter bläst der Wind im Dorf etwas härter ins Gesicht. Fünf müssen versorgt werden. In seinem Beruf kann Vater hier nicht arbeiten. Wir warten auf bessere Zeiten. Der Begriff Flüchtling ist noch nicht so ausgeprägt. Etwas fremd und entwurzelt fühlen wir uns. Am Dorfleben nehmen wir schon teil. Dazu gehört auch die Dorfkirmes. Das ist für das Dorf immer eine angenehme Abwechslung. Kleine Buden und ein Tanzboden im Freien werden aufgeschlagen. Für einen Groschen kaufe ich mir eine Wundertüte. Bei diesem Wort liegt der Schwerpunkt auf „Wunder". Wenn die Tanzmusik spielt, hecken wir Jugens etwas besonderes aus. Zwischen dem Tanzboden und der Erdoberfläche befindet sich ein Zwischenraum von ca. einem Meter. In diesen Raum kriechen wir rein. Zunächst suchen wir nach durchgefallenen Geldstücken. Dann aber schauen wir durch die Astlöcher unter die tanzende, erwachsene Welt. Viel neues gibt es da zu sehen. Das ist für uns Kinder wie im Kino. Theater wird bei Kind im Saal auch gespielt. Mit viel lauter Musik, Spektakel und Schießerei. Mir geht das auf die Nerven. In der Pause gibt es Bier für die Herren. Wir versuchen uns an dem Dröbbel-Bier. Dabei hat Bruder Walter einmal zuviel getrunken. Erst ist er lustig. Nach geraumer Zeit aber verfärbt er sich. Wir schleppen ihn nach Hause. Da schläft er seinen Rausch aus.

Ja man wird älter. Die Schule formt auch an mir herum. Meinen ersten Film sehe ich in Hachenburg. Es ist „Ben-Hur". Ein Sportfest wird hier auch veranstaltet. Alle Schulen aus dem Bezirk nehmen an dem Wettkampf teil. Die Sieger bekommen einen Kranz aus echtem Eichenlaub auf den Kopf. Getreu nach Turnvater Jahn. Das sieht gut aus. In der Schule habe ich keine Schwierigkeiten. Ich erledige meine Hausaufgabe mit der nötigen Sorgfalt. So habe ich für andere Dinge genügend Zeit. Es dauert aber auch nicht lange, da bekomme ich einen echten Job mit Belohnung. Das Wirtshaus „Kind" im Dorf hat neben der Kolonialwarenhandlung auch Landwirtschaft mit Viehzucht. In ihrer Backstube bin ich oft. So als Hausbursche. Nun soll ich auch deren Schweineherde hüten. Also werde ich Schweinehirt. Die Herde hat ca. 12 – 14 Tiere. Je Tag etwa eine Stunde lang. Durch das Hinterdorf treibe ich sie auf eine Freifläche vor dem Wald. Hier wühlen und pflügen sie mir ihren Rüsseln unter meiner verantwortungsvollen Aufsicht das Erdreich durch und durch. Das ist nun mein täglicher Dienst, nachdem ich meine Schularbeiten gemacht habe. Man schenkt mir großes Vertrauen. Eine Uhr habe ich noch nicht. Die eine Stunde mit den Tieren schätze ich ab nach ihrer Wühlerei im Dreck. Nach einer Stunde haben sie die Schnauzen voll, im wahrsten Sinne des Wortes. Ich merke das daran, sie lassen die Köpfe hängen. Das Leitschwein erhält von mir ein Zeichen und ab trottet das Rudel wieder durch das Hinterdorf in ihren Stall. Sie gehorchen willig meinen Anweisungen. Nach getaner Arbeit bekomme ich meinen Lohn ausgehändigt. Bare 10 Pfennig und eine Tüte Bonbons. Das Geld kommt in die Sparbüchse. Die Bonbons werden vernascht. Eineinhalb Jahre habe ich den Job ausgeführt. 36,– Reichsmark habe ich so erspart und das Geld meinen Eltern gegeben.

Brötchen und Schalmeien

Das letzte Jahr in Luckenbach ist für uns angebrochen. Die Zeit hier ist für mich und meine Brüder eine sehr schöne verlebte Jugenderinnerung. Als bleibende Erinnerung werden die Schulklassenbilder fotografiert. Neun Jahre bin ich nun alt. Sinn und Verstand sind schon ausgeprägt. Aber auch der Stolz und die Eitelkeit. Das kann ich heute noch an meinem Gesichtsaudruck auf dem Gruppenbild mit Damen ablesen.

Vater klopft immer noch Pflastersteine auf der „Luckemicher Ley". Doch Ende 1927 kommt Unruhe in unsere Familie. Vater steht mit seinem ehemaligen Steiger Kollegen aus Lothringen in Verbindung. Ihn hat das gleiche Schicksal ereilt. Er ist im Rheinischen Braunkohlenrevier gelandet. Dort hat er es zum Betriebsdirektor gebracht. In seinem Betrieb hat er ein Problem. Ein 150 m langer Stollen muß durch Sand- und Kiesboden getrieben werden. Dort findet er keinen Fachmann. Er erinnert sich an meinen Vater. Er hat die Bergbauschule in Esch Luxemburg besucht und hat viel Praxis im Stollenbau. Es wird zur Bedingung gemacht, nur bei Fertigstellung des Stollen erfolgt die sofortige Anstellung. Den Stollen treibt er durch und bekommt die Anstellung. Das bedeutet Umzug nach Brühl im Frühjahr 1928. Ein Lebensabschnitt geht zu Ende, ein neuer beginnt. Nichts ist ewig.

Die erste Eisenbahnfahrt ist für uns Kinder ein Erlebnis. In Brühl angekommen, marschieren wir 5 km zum Birkhof. Hier ist unsere erste Übernachtung in unserer neuen Heimat. Zum Schlafen bekommen wir keine Ruhe. Wir machen Bekanntswchaft mit der Rheinischen Braunkohle. Die Abraumzüge fahren und kippen die ganze Nacht unmittelbar am Birkhof ihre Last ab. Nach 2 Tagen ist der Möbelwagen aus Luckenbach angekommen und wir ziehen in unsere neue Wohnung in Brühl ein. Das soll es also sein. Hier soll ich leben? Kein Baum, kein Strauch ist zu sehen. Es ist eine Siedlung für Bergarbeiter. Haus steht an Haus. Ich sitze auf meinen flüchtig abgelegten Sachen und spüre, das etwas unangenehmes in mir aufsteigt. Das muß Heimweh nach Luckenbach sein, nach dieser Freiheit. Zunächst fühle ich mich hier eingeengt. Noch ..., aber das ändert sich zum Guten. Zunächst werden wir Kinder hier eingeschult. Wir bekommen neue Schulkameraden und Freunde. Das ist kein Problem. Es dauert nicht lange, da hat man mich auch hier wieder beim Wickel. Für die Schule soll ich ein „Kölner Hänneschen", ein Puppentheater bauen und auch spielen. Dabei bin ich doch kein Kölner. Ich muß wohl ein gewisses Talent, gepaart mit dem berühmten Kölner Humor, ausstrahlen. Das Theater baue ich und spiele auch mit den Puppen in den Klassen. Zu Weihnachten wird von der Gemeinde ein Krippenspiel aufgeführt. Da mache ich auch mit. In dem fraglichen Stück muß ich das Paulchen spielen, einen Sohn von Dr. Martin Luther. Es ist keine große Rolle. ich muß nur den Satz sprechen: „Aber meinen Stern kann man am besten sehen." Dabei zeige ich mit dem Finger zum Himmel. Mit dem Ergebnis, der ganze Saal lacht. Ich stehe da und weiß nicht warum. Habe ich etwas falsch gemacht? Es ist jetzt die Zeit, da entwickele ich den jugendlichen Tatendrang. Die große weite Welt möchte ich kennenlernen. Im Sommer 1929 ist es so weit. Mit meinen drei Brüdern machen wir uns auf den Weg und marschieren gen Westen. Unsere Schulranzen dienen als Rucksack. Mutter stellt den Proviant zusammen und verstaut ihn. Auch etwas Geld für die Reise bekommen wir. Dazu Waschzeug usw. So ziehen wir los in Richtung Liblar. Für uns ist das eine sehr ernste Angelegenheit. Die 5 km bis dahin sind uns reichlich bekannt. Bis Liblar fahren wir immer die Strecke mit dem Handwagen ab. Dabei sammeln wir die „Pferdeäpfel", die am Rande der Straße liegen. Verloren von den Pferden, welche die Schlagkarren ziehen, die Briketts von den Braunkohlenwerken abholen. Bis hier ist die Stimmung noch gut. Wir marschieren weiter nach Lechenich. Wie echte Wandersleut kommen wir uns vor. Den Ortsteil Frauenthal erreichen wir. Am Bahnhof der Schmalspurbahn machen wir wieder Pause. Schon zweimal haben wir gepicknickt. Nun schon wieder, da schrumpft unser Vorrat aber zusammen. Angesichts der Bahn kommen uns doch einige Gedanken. Marschieren und Bahnfahren sind ja zwei verschiedene Schuhe. Ich kann nicht mehr sagen, wer von uns vier die Frage aufgeworfen hat: „Wo schlafen wir denn?" Jetzt fängt jeder von uns über diese Frage an nachzudenken, ja wo? Eine Antwort kann keiner geben. Nach gemeinsamem Beschluß drehen wir uns um und sind rechtzeitig vor der Dunkelheit wieder zu Hause. Ohne Kommentar werden wir empfangen. Auch zu unseren Spielkameraden sind wir zurück.

Unsere Freizeit verbringen wir mit allerlei Spielereien, wir kniggeln, springen tief in die Lehmgrube, nachlaufen und verstecken. Letzteres auch einmal bis in die Dunkelheit hinein. Dabei laufen wir durch die schmalen Pfade zwischen den Häusern. Die nennen wir Pädchen. In solch einem Pädchen muß wohl jemand Stacheldraht gespannt haben. Das auch noch in Augenhöhe. Eine scheußliche Dummheit. Wie es das Schicksal will, laufe ich in diesen Stacheldraht. Ein Aufschrei von mir. Blutend laufe ich ca. 50 m nach Hause. Bange Minuten verrinnen für mich, für Mutter und Geschwister, bis sich herausstellt, daß das Auge nicht getroffen ist. Nur 4 mm neben dem Augapfel ist der Stachel eingedrungen.

In der Welt tut sich so manches. Ich fange an, die Zeitung zu lesen. Die Weimarer Republik sorgt für die bekannten Schlagzeilen. Eine dieser Schlagzeilen ist besonders aktuell. Der Börsenkrach von New York 1929. Er wird zu einem Markstein in der Geschichte. Die Weltwirtschaft wird aus den Fugen gehoben. Aber auch die Natur spielt verrückt. Wir bekommen einen sehr strengen Winter mit 29 Grad Kälte. Mit kurzen Hosen laufe ich in dieser Kälte herum. Lange Hosen habe ich nicht. So kommt das Jahr 1930. Der Frühling versöhnt uns mit seiner Wärme und Blütenpracht. Die Stimmung und der Lebensmut kommen wieder. Bei Vater und Mutter und auch bei uns Kindern. Besonders am Sonntagmorgen. Vater macht im 1. Stock das Schlafzimmer-Fenster auf und singt das Lied „Ännchen von Tarau". Er singt gut, so recht aus voller Brust. Ich brauch mich darob nicht zu schämen. Ja der „Gasser Michel" gibt ein Solo zum Besten. „Gasser Michel" hat man Vater in seiner Heimat, dem Saarland genannt. Auf den Sängerfesten, die führend in der gesellschaftlichen und kulturellen Kommunikation der damaligen Zeit waren, machte er durch seinen guten Gesang und auch mit sonstigen Späßen und Sprüchen als junger Bursche auf sich aufmerksam. Sein Einsatz in der Grube ist hart und voller Verantwortung. 4 km ist der Weg nach dort. In der Nacht benutzt er an seinem Rad eine Karbidlampe. Damit hat er aber auch oft Probleme. Sie hat einen Brenner und der ist oft verstopft. Verstopft muß wohl auch das Rohr am gärenden Weinballon gewesen sein. Vater macht gerne Wein aus Hagebutten und Stachelbeeren. Mit einem großen Knall platzt ein großer Ballon und der gute Wein ergießt sich in die gute Stube. In diesem Falle hat Mutter das Nachsehen.

Für mich hat sich Vater auch etwas neues ausgedacht. Ich soll Musiker werden, Violinspieler. Was soll ich machen? Wie komme ich zu dieser Ehre? Eine andere Meinung darf ich nicht vertreten. Ich muß gestehen, lieber streife ich durch Wald und Flur. In den großen Ferien fahre ich im Sommer 1930 nach Dassel am Solling. Es ist mein erster größerer Urlaub und meine erste größere Reise. Zu meiner Tante, der Schwester meiner Mutter. Die guten Wurstpakete von dort haben mich vorbereitet und eingestimmt. Diese vier Wochen Ferien sind bei dem Landleben, bei der Landluft und dem deftigen Schinken eine bleibende Jugenderinnerung. Neugierig spüre ich meinen Ahnen, den Vorfahren meiner Mutter nach. Dazu besuche ich auch den Friedhof in Dassel. Hier finde ich das Grab meiner Großeltern. Die eingemeißelten Namen lauten auf Georg, Heinrich, August Kasten beim Großvater und Johanne, Charlotte, Amalie Allemann geb. von Ohlen bei Großmutter. Mit meinen 12 Jahren bin ich auf meine Ahnen-Galerie schon neugierig. Wie kommt dieses „von" in meinen Stammbaum? Es ist das damalige Zeitgeschehen. Ich lerne das Städtchen, das Umfeld und den Solling kennen. Es ist ein Waldgebiet von besonderer Qualität und Schönheit. Aber auch die politische und soziale Entwicklung mit ihren vielen Arbeitslosen zeichnet sich in dem laufenden Wahlkampf zur Reichstagswahl am 14. 9. 1930 ab. Massiv tritt die NSDAP mit ihrer SA auf. Am Ende des Urlaubs fahre ich auch gerne wieder nach Hause.

Dort gibt es für mich eine eine Überraschung. Wir ziehen zum Birkhof oberhalb Pingsdorf um. Es ist ein ehemaliger Gutshof, der jetzt unter der Regie der Grube

Berggeist steht. Von Brühl ist er 5 km entfernt. Viele Veränderungen gibt es dadurch für unsere Familie. Wir ziehen in das Herrenhaus ein mit einem 20 m hohem Turm. Dazu gehört ein großer Garten mit vielen Obstbäumen und Nutzgarten. Ein Stall ist auch dabei. Im Umfeld ist ein sehr alter Wald. Darin eingebettet sind kleine und große Baggerseen. Das alles kommt dem Geschmack meiner Familie schon näher. Hier haben wir vier Brüder schon unseren richtigen Auslauf. Vater hat zur Grube einen kürzeren Anmarschweg. Dafür ist aber die Schule und die Geschäftswelt 5 km weit von hier. Das muß in Kauf genommen werden. Das Fahren mit den Rädern, 10 bzw. 20 km, betrachten wir als eine sportliche Notwendigkeit. Bei der Fahrt nach Brühl durch das Katzenloch fahren wir Jungens tolle Rennen. Wie unbekümmert man doch so als junger Mensch zu solch einer Sache steht. Vater und Mutter atmen auf. Haben sie doch 12 Jahre nach unserer Ausweisung aus Lothringen eine Bleibe und Ruhe gefunden. Seine Arbeit verlangt alles von ihm. Bei größeren Reparaturen muß er viel improvisieren. Wenn die Hauptförderkette aus der Grube gerissen ist, kann man sich vorstellen, welch eine schwierige Arbeit es ist, das Knäuel von ca. 20 durch-

Die zweite Schicht auf Grube „Berggeist" 1931, rechts Vater mit seiner Schicht.

einander liegenden Loren zu entwirren. Die Produktion muß so schnell wie möglich wieder laufen. Die Hilfsmittel dazu sind sehr dürftig. Oft höhe ich sein Wehklagen, wenn er mit Mutter darüber spricht. Im neuen Haus, Hof und Garten legt Vater ungestüm los. Hier ist er in seinem Element und kann sich in seiner Freizeit bestätigen. Er ist ja noch jung und voller Tatendrang. Ein Schwein, ein Schaf, Hühner, Gänse und Enten schafft er an. Dazu im Garten ein Bienenhaus mit acht Völkern. Das ist für unsere Familie ideal und wir betrachten es als einen hohen Standart. So haben wir es uns vorgestellt.

Man schreibt das Jahr 1931 in der Weimarer Republik. Wirtschaftlich und politisch wird es immer schlechter. Fünf Millionen Arbeitslose haben wir im Land. Der Börsenkrach von 1929 zündet allmählich als Zeitbombe. Die Parteien bekämpfen sich immer heftiger mit allen Mitteln. Im Versprechen dem Volk gegenüber sind alle gleich. Stärker werden die Aufzüge und Demostrationen aller Parteien. Für mich sind die Kommunisten wegen ihrer Schalmeienkapelle die Favoriten bei den Umzügen. Es ist eine wunderschöne Musik für mein Ohr. Ich erinnere mich noch gut an ihre Umzüge durch Brühl. Vorne marschiert die Schalmeienkapelle. Ihr Standard-Lied: „Völker hört die Signale, auf zum letzten Gefecht usw." Dahinter die Marschkolonne. Die eine Seite ruft: „Was wollen wir", die andere Seite: „Arbeit und Brot". Dabei recken sie die Faust zum Himmel. Ich stehe am Straßenrand und sehe so etwas zum erstenmal. Dabei werde ich nachdenklich. 13 Jahre bin ich alt und spüre, worauf es im Leben und in der menschlichen Gesellschaft ankommt und wo die Fehlerquellen liegen könnten. Vieles ist nicht in Ordnung, das kitzelt des Volkes Seele. Es ist die Zeit des Umbruchs in diesem Jahrhundert auf dieser Welt. Es ist mein letztes Schuljahr. Mit meinen Brüdern beginnen wir den Tag sehr sportlich. Noch vor Schulbeginn laufen wir zum nahen Wald und machen dort Freiübungen. Mit einer Jugendgruppe wandere ich 30 km nach Altenahr zur Jugendherberge. Unterwegs kochen wir Nudeln mit Pflaumen am Lagerfeuer. Da bin ich voll dabei. Nach dem Wanderlied: „Schaun was hinter den Bergen haust ...", danach steht mir der Sinn.

Am 4.2.1932 werde ich 14 Jahre alt. Die Schulentlassung steht bevor. Damit der Eintritt ins Leben. Darüber bin ich mir voll im klaren. In diesem Sinne hält auch unser Lehrer am fraglichen Entlassungstag seine kurze Ansprache. Das Glück möge uns zur Seite stehen. Wie soll er mit dieser Bitte recht haben. Mein Zeugnis ist gut, also ab in das Leben. Das ist leicht gesagt bei 5 Millionen Arbeitslosen im Land. Da gibt es wenig Lehrstellen. Meinem Herrn Oberlehrer habe ich es zu verdanken, daß ich eine Lehrstelle bekomme. Persönlich hat er sich in der Stadt darum bemüht. Er muß schon besondere Gründe gehabt haben, mich unterzubringen. Also werde ich kaufmännischer Lehrling in einer Lederhandlung in Brühl. Nun gut, sieh zu was du daraus machst. Meinen Lebenslauf und meine schriftliche Bewerbung schreibe ich und lege sie meinem Vater zur Einsicht und Unterschrift vor. Das geschieht in seiner Meisterbude auf dem Schnorrenberg. Das ist der südlichste Zipfel des Rheinischen Braunkohlenreviers und wird 1932 ausgekohlt. Möglich machte diese Auskohlung u. a. auch mein Vater dadurch, daß er unter der Berggeiststraße einen Tunnel trieb. Die Kohle konnte jetzt zur Fabrik befördert werden. Damit konnte er seine Fachkenntnisse im Stollenbau erneut unter Beweis stellen.

„Lehrjahre sind keine Herrenjahre"

Meine Lehrzeit beginne ich am 1. 4. 1932 mit dem nötigen Ernst an der Sache. Ich finde die Lehre nicht eintönig. Es gibt viel Abwechslung im Tagesablauf. Freizeit und Spielerei gibt es nun nicht mehr. Die Arbeitszeit dauert von 7.30 – 19.30 Uhr je Wochentag, mit zwei Stunden Mittagspause. Neben der kaufmännischen Ausbildung lerne ich die Fachkenntnisse von Leder und Lederwaren, sowie deren Verkauf. In dieser armseligen Zeit macht doch fast jeder Familienvater die Schuhe für die Familie selber. Eine Schuhmachernähmaschine haben wir auch in der Firma. Damit nähen wir den Kunden ihre Schuhe. Neben der täglichen Fahrt nach Brühl, je zweimal hin- und zurück 20 km mit dem Rad, ist es auch meine Aufgabe, das bestellte Reparaturmaterial der Schuhmacher im Umfeld von Brühl, Liblar, Kierdorf, Brüggen, Gymnich, Dirmerzheim, Lechenich, Ahrem und Bliesheim per Rad auf einer Tour auszufahren. An dem Tag sind es nochmal 30 km. Die Ladung kommt auf den Ständer am Vorderrad, ca. 15 – 20 kg. Mit meinen 14 Jahren bin ich ein Leichtgewicht. Es macht mir große Schwierigkeiten das Gewicht auf dem Rad zu halten und zu steuern. Passe ich einmal nicht auf, bekommt die Ladung das Übergewicht nach vorne, dann kippt es um. Dann muß ich es neu beladen. Das alleine ist schon eine Kunst. So um 9.00 Uhr fahre ich von Brühl los. Es ist sehr anstrengend für mich, aber die Fahrt durch die Natur belohnt mich etwas. Den steilen Berg nach Maria-Glück schiebe ich hoch. In Richtung Liblar fahre ich dann. Rechts an Grube Brühl, links an Grube Liblar vorbei. Dahinter stehen die Schornsteine vonGrube Donatus. Mit allen Schikanen halte ich die Karre im Gleichgewicht und in Fahrt. Essen und Verpflegung gibt es unterwegs nicht. Das ist kein Thema in der Firma. Die Stulle von Mutter muß für den Tag reichen. Wenn ein Schuhmacher bei der Bezahlung der Rechnung 10 Pfennig Trinkgeld gibt, freue ich mich sehr.

In der nächsten Bäckerei kaufe ich mir dafür 3 Brötchen. An einem stillen Ort werden die sofort gegessen. Wie Kuchen schmecken sie mir dann. In dieser Zeit kennt man es nicht anders. So werde ich hart und ein guter Radfahrer.

Noch immer ist die Arbeitslosenzahl 1932 auf der Rekordhöhe von 5 Millionen. Verschiedene Parteien helfen sich schon selbst. Sie richten einen Not-Arbeitsdienst ein. Gegen geringes Entgelt arbeiten die Arbeitslosen in der Natur und an den Flußläufen. Sie sichern und befestigen u. a. die Ufer von Erft und Swist gegen Überschwemmung. Allgemein sind die Parteien zerstritten, die Weimarer Republik ist am wanken. Es kann so nicht weitergehen. Das Volk will und muß einen Ausweg aus dieser Lage haben. Hitler mit seinem Trommler Göbbels hat hier leichtes Spiel. Sie brauchen nur versprechen, die Arbeitslosen von der Straße zu bringen. Die Redekunst dieser beiden ist ja in die Geschichte eingegangen.

Das Schicksalsjahr 1933 bricht an. Mit meinen 15 Jahren kann ich nur registrieren, was da alles geschieht. Beurteilen nach meiner Sicht kann und tue ich es schon, verhindern aber kann ich und meine gleichaltrige Jugend diese Entwicklung nicht. Am 16. 1. 1933 sind in Brühl Wahlen angesetzt. Sonntag, den 9. 1. 1933 gibt es einen großen Umzug der SA. An die 1.000 Sa-Männer marschieren durch Brühl. Ich sehe diese Marschkolonnen zum ersten Mal. Sie marschieren alle im Glauben an eine gute Sache. Dann erleben wir den 31. 1. 1933. Der Tag der die Welt verändern soll. Durch die Nachricht und Rundfunkübertragung aus Berlin höre ich den Tumult und die Entwicklung. Viele Menschen, so auch ich, machen sich Sorgen wegen Hitlers unversöhnlichem Ton. Zuerst müssen die Arbeitslosen von der Straße. Ob er danach die Einsicht hat, Deutschland harmonisch in die Völkerfamilie einzufügen? Wir hoffen, es wird sich zeigen. Hindenburg beauftragt Hitler mit der Regierungsbildung. Damit war mit einem Schlag das tägliche Geschehen nicht mehr Streit und Traurigkeit. An deren Stelle trat Hoffnung und Zuversicht. Das in neue Bahnen gelenkte Geschehen nimmt seinen Lauf. Ich selbst werde auch leicht von der Umwälzung betoffen. Seit 1930 bin ich im Deutschen Pfadfinder Bund. Am 3. 4. 1933 überführt uns unser Stammführer in das Deutsche Jungvolk. Damit bin ich auch gleichgeschaltet. Am Aufmarsch zum 1. Mai 1933 treten wir an und marschieren im Gleichschritt mit. Aber der ganze Betrieb behagt mir nicht. Schriftlich melde ich mich ab. Vater hat sich hier eingelebt. Auch Mutter fühlt sich hier wohl. Mit seinen Steigerkollegen wird auch schon einmal gefeiert. Einen „drauf gemacht", wie man so sagt. Das ist für den Rest der Familie ein ungemütliches Geschehen. Daß diese armen Männer nichts dafür können, ahnen wir nicht. Dadurch geraten sie schon einmal aus den Fugen. In solch einem Zustand kommt er einmal nach Hause und hat für jeden Jungen eine kleine Zigarre mitgebracht. Michael hast du das wohl gemacht? Willst uns wohl die Versuchung dafür vorweg nehmen. Also stecken wir sie an. Nach einiger Zeit stellt sich bei einigen Brüdern die Wirkung ein. Sie übergeben sich und haben die Nase voll. Er hat erreicht was er wollte. Ein Jahr meiner Lehrzeit habe ich schon hinter mir. Nach wie vor fahre ich jeden Tag 20 km mit dem Fahrrad zum Dienst. Auf einmal haben meine Eltern Erbarmen mit mir. Kommt Vater doch eines Tages mit einem kleinen Motorrad für mich an. Es ist eine gebrauchte 74 ccm Maschine, Marke WKC mit Sachsmotor. Da ich erst $15^{1}/_{2}$ Jahre bin, bekomme ich eine Sondergenehmigung. Ich habe nicht darum gebettelt. Es ist eine echte Überraschung für mich. Zu dieser Zeit ist man mit so einem Ding schon König. Es macht mir einen ungeheuren Spaß mit so einem kleinen Motorrad umher zu fahren. Mutter sagt immer: „Nun juggele nicht soviel damit rum." So viel Zeit dafür steht mir ja auch nicht zur Verfügung. Bei einem täglichen Dienst von 7.30 – 19.30 Uhr. Die Fahrt zum Dienst macht mir jetzt Spaß. Bin stolz wie Oskar. Ich hege und pflege das Maschinchen gut. Man kann aber auch zuviel des Guten tun. Ich spritze das Getriebe mit Fett ab. Nach dem Motto, wer gut „schmert", der gut fährt. Dabei habe ich auch den Zylinder mit einer gehörigen Portion Getriebefett gefüllt. Der Motor sagt keinen Ton mehr. Das ist nicht so schlimm wie ein Beinbruch. Putzen und reparieren an der Maschine mache ich gerne und lerne auch noch dabei.

Das Jahr 1934 beginnt. Die Nazis haben sich etabliert. Zunächst für 1.000 Jahre. Warum nicht. Aber dann muß man sich auch in die Völkergemeinschaft einfügen. Ich merke bald, daß sie das Zeug dafür nicht haben. Meine Lehrstelle befindet sich in Brühl in der Uhlstraße, einer Hauptstraße. Der Hauptverkehr, aber auch die Marschkolonnen kommen hier vorbei. Die Jüngsten der Marschierer sind die „Küken". Die marschieren auch vorbei mit einem Lied auf den Lippen. Verstehen können die Kleinen den Text und Sinn des Liedes noch nicht. Auch wofür sie marschieren wissen sie nicht. Ich denke, es wäre besser, wir würden wandern. Sie kommen um die Kurve und singen: „Es zittern die morschen Knochen usw., wir werden weiter marschieren, wenn alles in Scherben fällt, denn heute gehört uns Deutschland und morgen die ganze Welt." Bums, da stehe ich und muß mir das anhören. Dieser Unsinn ist mir aber doch zuviel. Mit Abscheu und bitterer Verzweiflung schüttele ich den Kopf und drehe ab.

Jetzt habe ich das 16. Lebensjahr erreicht. Meine Interessen werden vielseitiger. Hier in Brühl ist eine Gruppe des Deutschen Luftsportverbandes gegründet. Das ist für mich das richtige Betätigungsfeld. Die lästigen Heimabende sind für mich nicht mehr gefragt. Viele Gleichgesinnte sind auch Mitglied. In einer großen Halle bauen wir unseren Gleiter, den Zögling „G 38". Damit üben wir die ersten Sprünge und Flüge am Hang. Da kann ich nach Herzenslust basteln. Alle schwierigen Arbeiten mache ich auch. Den Sitz forme ich mit Sperrholz-Nagelung. Die 3 mm Steuerkabel werden an den Enden gespleißt. Einmal gezeigt, mache ich das gut und mit Ausdauer. Ich habe Spaß daran. Nicht nur mit Leder kann ich umgehen. Nach der Fertigstellung der Maschine taufen wir sie und beginnen mit dem Flugbetrieb. Ein Fluglehrer aus Köln ist auch bald gefunden. Ein besonnener Draufgängertyp. Von einer Firma wird uns ein LKW zur Fahrt in die Eifel zur Verfügung gestellt. Dort wird das Training an den Wochenenden aufgenommen. Es wird für mich und die anderen Burschen zu einem unserer schönsten Zeitabschnitte in unserem Leben. Wie ein Vogel so frei, fühlen wir uns und machen auch entsprechende Aktionen. Die „Leichen" z. B. werden nach einem gelungenen Zechgelage im Mondschein in der Nacht auf einem Ochsenwagen wieder in die 5 km entfernte Unterkunft gefahren.

Am 1. April 1934 bin ich Angestellter in meiner Firma. Ich bekomme mehr Geld und auch mehr Urlaubstage. Beides ist ein freudiges Ereignis für einen jungen Menschen. Mehr Zeit und Geld habe ich nun. Da meldet sich auch sofort mein Unternehmungsgeist. Mit meinem Motorrädchen möchte ich rheinaufwärts, durch den Schwarzwald zum Bodensee fahren. Vater und Mutter genehmigen den Plan sofort. Sie trauen mir einiges zu. Das ist für den Anfang meiner Lauf-

Fleißige Hände beim Bau unseres Zöglings.
1935

bahn schon ein reichliches Programm. Die Vorbereitungen treffe ich. Dazu gehört, daß man in der Fremde ein Dach über dem Kopf hat. Dieses Dach erwerbe ich mir durch einen Ausweis des Deutschen Jugendherbergsverbandes. In der Herberge bin ich immer unter Gleichgesinnten. Viel Geld habe ich auch nicht mit. Also muß ich mich durchschlagen. Meine Eltern machen sich darüber keine Sorgen. Der kommt durch, sagen sie sich. Am rechten Rheinufer fahre ich entlang. In Koblenz ist das Deutsche Eck gesperrt. Gefeiert wird dort die Befreiung des Rheinlandes von den Besatzungstruppen. Über Mainz fahre ich nach Heidelberg und schaue mir dort alle Sehenswürdigkeiten an. Nun peile ich den Schwarzwald an. Über Gernsbach rolle ich gegen Baden-Baden. Hier macht der Schwarzwald seinem Namen schon alle Ehre. Die Tannen hoch, dunkel das Tal. Wohl darum hat der Schwarzwald seinen Namen. Ich bin so in Gedanken, da macht es peng. Alles steht, die Antriebskette ist gerissen. Ich fahre zurück nach Gernsbach in eine Werkstatt. Zur Reparatur gebe ich es ab und stehe noch da. Da fährt ein Auto zum tanken vor. Nanu denke ich, das Modell kennst du doch. Es ist eines, wie es unser Dir. Küpper aus Brühl fährt. Meines Vaters Chef. Damit steigt er auch schon aus dem Wagen mit seiner Familie. Er erkennt mich sofort und begrüßt mich. Woher und wohin des Weges, muß ich ihm berichten. Ich erzähle ihm meine Tour und von meinem Mißgeschick. Mit gute Fahrt und auf ein Wiedersehen in der Heimat verabschieden wir uns. Nach einer Stunde hole ich mein gutes Stück wieder ab. Der Chef übergibt mir die Maschine mit dem Bemerken, es ist alles wieder in Ordnung und von Herrn Dir. Küpper bezahlt. Dazu übergibt er mir noch 40 l Bezinbons. Ich bin sprachlos und überglücklich. Habe ich doch nicht viel Geld bei mir und brauche ich nun nicht am Hungertuche nagen. Mit einem Kartengruß vom Bodensee bedanke ich mich später für die gute Tat. Ich fahre weiter durch das Höllental, über Triberg nach Todtnauberg am Feldberg. Meinen Speisezettel erweitere ich mit kostenlosen Spezialitäten aus Wald und Flur. Am Straßenrand sammele ich reife Äpfel. Daraus koche ich Apfelmus. In Todtnauberg sammele ich im Wald Pfifferlinge. Die mache ich so zurecht, daß meine Bratpfanne umlagert ist wegen der Düfte, die aus der Pfanne hoch steigen. Ich wundere mich, daß sich die anderen wundern. Das können sie doch auch alles haben. In Friedrichshafen besuche in den „Graf Zeppelin" LZ 129 im Bau. Er wird ja noch eine besondere Rolle spielen in unserem Zeitgeschehen. Mein Urlaub ist nun vorbei und ich trete die Heimfahrt an. Heil und gesund komme ich in der Heimat an. Es ist ein Erlebnis für mich geworden.

Neue Aktionen zeichnen sich für mich ab. Auf dem Nürburgring wird die Deutsche Meisterschaft im Auto-Motorsport ausgetragen. Mit meiner Maschine fahre ich am Samstag hin. In einer Scheune übernachte ich im Stroh. Es ist mein erstes

Rennen, das ich sehe. Von diesem ganzen Geschehen bin ich noch mehr begeistert, als von der ersten Lokomotive welche ich mit 5 Jahren sah. Auf der nationalen Woge schwebt jetzt auch der Autosport. Bis zum Jahr 1933 waren Bugatti mit Louis Chiron, Alfa Romeo mit Tatzio Nuvolari im Autorennsport tonangebend. jetzt wollen Mercedes Benz mit Caracciola, v. Brauchitz und Lang, Autounion mit Stuck und Rosenmeier denen den Rang ablaufen. Der Renntag kommt. Ich schleiche mich an die Rennstrecke. Die Spannung ist in mir auf dem Höhepunkt angelangt. Dann ist es soweit. Die Zuschauer werden immer unruhiger. Dann ... dann kommt da unten um den Berg so etwas silbernes, weißes. Es macht ein fürchterliches Gejaule, Pfeiffen und Zischen. Wie eine kleine weiße Maus sieht es aus der Ferne aus. Dann kommt noch eins und noch eins. Dann ein roter und ein blauer Rennwagen. Das ist die Spitze des Feldes, wie man so schön sagt. Zusammen machen sie ein Getöse von besonderer technischer Brillanz. Dazu die Überholmanöver. Es ist irre, das anzuschauen. Caracciola ist an der Spitze. Jetzt nähert er sich dem Anstieg zum Karussell und schaltet seinen Kompressor ein. Das ist ja eine besondere Musik die da von den Motoren erklingt. Er macht förmlich einen Satz und ist im Karussell verschwunden. Die anderen hetzen hinterher. Habe ich eigentlich genug Augen gehabt, das ganze Schauspiel zu erfassen? Das Geschehen wird in meiner Erinnerung bleiben. Der große Preis von Deutschland ist in den nächsten Jahren das große Ereignis geblieben. Unvergessen bleibt auch Nuvolari, wie er braungebrannt mit beiden Händen den Zuschauern zuwinkte. Die Rennen werden stark besucht. Wagen an Wagen fahren über die B 51 zum Nürburgring bei uns am Birkhof vorbei.

Das ist meine neue Maschine. Es ist das neue Modell 1936 von NSU in der 200 ccm Klasse.

Das Jahr 1935 beginnt wie alle Jahre. Vater und Mutter sind wohlauf. Die Arbeit im Haus, Hof und Garten hat sich eingespielt. Meine Geschwister gehen auch mit der Zeit und sind zufrieden. Es fällt weiter nicht auf, daß Vater im April zum Arzt geht. Dann aber wird er in das Krankenhaus eingeliefert. Sein Aufenthalt dauert immer länger. Die Zeit ist gekommen, wo der Garten bestellt, die Tiere versorgt, das Bienenhaus betreut werden muß. Vater wird nach Köln ins Krankenhaus verlegt. Jeden Tat fährt Mutter zu ihm. Plötzlich sind wir nicht mehr sorgenfrei.

Ich bin der älteste Sohn und muß Hand anlegen. Mit Vater wird es immer schlechter. Er hat Magenkrebs. An einem Sonntag fahren wir 4 Jungens zu ihm. Es ist ein erschütterndes Bild. Wir holen ihn nach Hause zum Sterben. Schon 8 Tage später stirbt er. Mit 5 Kindern steht Mutter jetzt alleine da. Drei besuchen noch die Schule. 53 Jahre ist er alt geworden. Das Leben muß weiter gehen. Im Garten geht es mit halber Kraft weiter. Die Tiere schaffen wir ab. Die Bienenstöcke verkaufen wir. Die hier verlebten Jahre sind wunderbar gewesen. So ist das Leben, nichts ist ewig. Zunächst leben wir hier auf dem Birkhof weiter. Meine Aktivitäten bestehen aus Arbeit und Segelfliegen in der Eifel am Sonntag. Mein WKC-Motorrad braucht auch viel Zeit und Pflege und auch zur Reparatur. Aber das macht mir viel Spaß. Das Zeitgeschehen nimmt seinen Lauf. Die Arbeitslosen sind weg. An den NS-Rummel hat man sich gewöhnt. Hitler will immer mehr und stellt neue Forderungen. Die Autobahnen werden gebaut, der Arbeitsdienst eingeführt, die Wehrhoheit wieder hergestellt. Es rührt sich tatsächlich an allen Ecken. Im Spanischen Bürgerkrieg setzt er die „Legion Condor" ein. Uns bleibt nichts anderes übrig als zu hoffen, daß er den Bogen nicht überspannt.

Das Jahr 1936 bringt auch wieder seine Überraschungen. Die Geschehen überschlagen sich. Die Grube Berggeist wird stillgelegt. Mutter hat den Vorzug ein Werkshaus zu erwerben. Für einen sozialen Betrag versteht sich. Das ist eine Wendung für die Zukunft unserer Familie. Wir haben ein Dach über dem Kopf. Für mich steht ein neues Motorrad auf dem Programm. Mein WKC leidet an Altersschwäche. Mutter genehmigt mir den Kauf einer neuen Maschine. Bezahlen kann ich sie schon selbst. Sie kostet 660 Reichsmark. Es ist eine NSU OSL 200 ccm, eine Viertaktmaschine. Die erste Maschine mit Fußschaltung und einem hochgezogenen Auspuff. Es ist eine tolle Maschine. Mit ihr verbringe ich noch schöne Jahre und fahre viele Touren. Vom Deutschen Luftsportverband bekomme ich eine Einladung zu einem Lehrgang an der Reichssegelflugführerschule Borkenberge. Der ganze Aufbau der Schule riecht nach vormilitärischer Ausbildung. Alle Sparten der Segelfliegerei und fliegerischen Ausbildung wie der A 2 Schein werden hier gelehrt. Das Fach Strömungslehre lehrt uns der Weltrekordler derzeit im Langstreckenflug Heini Dittmar. In diesem Lehrgang bekomme ich einen Vorgeschmack auf den mir bevorstehenden Arbeitsdienst. Noch eine Überraschung gibt es für mich. Meine Entlassung erhalte ich von meinem Chef. Alle ausgebildeten Lehrlinge könne er nicht beschäftigen, ist seine Begründung. Durch Fürsprache aus der Reihe meiner Segelfliegerkameraden bekomme ich sofort eine neue Anstellung in einem großen Werk der Eisenbahnwaggonbranche in Brühl. Vor Jahren hatte man auch Schlitten und Ski gebaut. Restbestände liegen noch auf dem Lager. Darin stöbere ich und finde für mich

1 Paar Ski für 5 Reichsmark. In einem Sportgeschäft ergänze ich meine Ausrüstung.

Im Winter 1936/37 liegt im Sauerland viel Schnee. Da will ich meine ersten Gehversuche machen. Jugendherbergsmitglied bin ich ja schon einige Jahre. In Altastenberg ist eine Herberge, also dort fahre ich hin. Aber wie und womit komme ich dorthin? Hier kommt mir eine verrückte Idee: Ich binde die Ski an das Motorrad. Den Rucksack mit dem Nötigsten auf den Rücken geschnallt und ab geht es. So eine Fahrt kann man nur machen, wenn man jung ist. Es ist Februar. Bei uns im Flachland macht mir die Fahrt noch keine Probleme. Aber im Hochsauerland sind die Straßen durch Schneeverwehungen behindert. Mit gespreizten Beinen schieße ich an der geringsten Stelle der Schneeverwehung durch. Dabei ist ein kleiner Schlenker nicht zu vermeiden. Straßenräumfahrzeuge hat man noch nicht so reichlich zur Verfügung. Es hat hier in diesem Winter halt viel Schnee. In Neuastenberg angekommen, staune ich über die vielen Menschen. Die aber wiederum staunen über den Motorradfahrer mit seinen Ski am Motorrad. Das haben sie noch nicht gesehen. Heute ist Sonntag und die neue Sprungschanze wird eingeweiht. Als prominenter Gast springt Birger Rüd aus Norwegen als erster über den Baken. Er ist derzeit Weltmeister im Skispringen. In der Jugendherberge in Altlastenberg bin ich untergekommen. An diesem Sonntag herrscht eitel Sonnenschein. Den Betrieb schaue ich mir an und versuche mich als Neuling einzufügen. Gegen nachmittag mache ich meine ersten Geh- und Laufversuche. Dann spreche ich mit mir selbst: „Schau Ewald, so mußt du es machen und so mußt du es machen." Na denke ich nachher, so dumm bist du doch nicht. Gegenüber der Jugendherberge auf der anderen Straßenseite sehe ich einen steilen Abhang. Da sausen die Könner in der Hocke runter. So möchte ich auch einmal fahren können. Das Gleiten und Schreiten mit den Brettern habe ich schnell gelernt. Bald habe ich das Vertrauen und die Sicherheit zum Ski-Laufen gewonnen. Den Könnern in der Hocke mache ich es am nächsten Tag schon nach. Anders habe ich es von mir auch nicht erwartet. Der erste Abend in der Jugendherberge gestaltet sich zu einem echten Hüttenabend. Hier fühle ich mich wohl. Es wird geherzt, gescherzt und gesungen, was das Zeug hält. Ich trage auch meinen Teil zur guten Stimmung bei. Eine Loipenwanderung am Abend bei hellem Mondschein machen wir durch die verschneite Winterlandschaft.

Mit heilen Knochen komme ich von meiner ersten Ski-Tour in der Heimat wieder an. Der Frühling ist ausgefüllt mit meinen Aktionen wie Segelfliegen und Motorradfahren. Aber auch unser neues Haus muß hergerichtet werden. Mit meiner Maschine und Beifahrerin machen wir große und kleine Touren. Oberhalb von Brühl liegen wir oft am Abend und schauen einem seltenen Schauspiel zu. Die neue Deutsche Wehrmacht übt mit Scheinwerfern für die Verteidigung wird gesagt. So etwas kennt man noch nicht. Oft stehen 10 Leuchtkegel um Brühl herum. In einer lauen Sommernacht schaut sich das alles so friedlich an.

Hacke und Schaufel

Das Jahr 1938 beginne ich in Oberstaufen im Allgäu. Weil ich nun Ski-Läufer bin, habe ich mich mit KdF, das heißt „Kraft durch Freude", nach hier gemeldet. Die Silvester-Feier 1937 / 38 ist für mich ein gesellschaftliches Ereignis. In der großen weiten Welt schnuppere ich ein wenig. Das hat mir so gut gefallen, daß ich im anschließenden Sommer wieder mit KdF auf Reisen gehe. Diesmal fahre ich an die See. Nach Mecklenburg auf die Insel Pöl bei Wismar an die Ostsee. Das Hotel liegt direkt am Strand. Ich marschiere dahin und sehe zum ersten Mal das Meer. Es ist die Farbe, die mich so ungeheuer beeindruckt. Sie hat etwas tiefgründiges, eine echte Tarnfarbe, nicht mit dem üblichen Farbenspiel zu vergleichen. Es sind schöne Tage hier. Aber es fehlt mir doch etwas mehr Bewegung im täglichen Ablauf. Ich bin gerade wieder zurück, bekomme ich Post von der Behörde. Am 1. Oktober 1938 muß ich mich in Schlüchtern bei Fulda im dortigen Arbeitsdienstlager melden. Bums, das ist der Anfang von meiner persönlichen großen Wende. Zunächst denke ich, nach abgedienter Zeit kommst du ja wieder nach Hause. Obwohl die Militärzeit auch noch abzuleisten ist. Bist nun 20 Jahre alt, hast dich gut versorgt. Die nächsten 20 Jahre mußt du weiter gut aufpassen. Für mich beginnt eine große Umstellung. Mit der Eisenbahn fahre ich nach Schlüchtern. Ich marschiere ins Lager. Sofort legen die am nächsten Tag richtig los. Wir werden in Züge eingeteilt. Mein Zug marschiert in einen großen Saal. Alle werden auseinander gesetzt. Jetzt wird die Gesinnung und das Denkvermögen geprüft. 30 Fragen werden gestellt. Fragen aus allen Fächern und Bereichen des Lebens. Damit verschaffen sie sich einen Überblick über die Intelligenz im einzelnen, sowie auch über den ganzen Haufen. 29 Fragen habe ich richtig beantwortet. Dadurch hat man mich für gut befunden, jeden Morgen den Spruch des Tages beim Appell vor dem gesamten Lager zu sprechen. Drei Monate gehe ich mit zum Einsatz auf die Baustelle im Gelände. Dort werden in den feuchten Wiesen Drainagen gelegt. Der Einsatz ist hart. Viele Kameraden sind aus der Eifel. Die sind das Hauruck in der Landwirtschaft und auf dem Bau gewöhnt. Auf der Baustelle ringen wir in den Pausen oder machen sonstige Späße. Davor habe ich mich immer zu drücken versucht. Die sind ja doch stärker, denke ich. Auf die Dauer geht das aber nicht. So muß ich eines Tages mich auch stellen. Der Favorit aber auch. Viel kann ich dem ganzen Rummel hier nicht abgewinnen. In einer Mittagspause auf der Baustelle teilt man uns mit, daß in der vergangenen Nacht in ganz Deutschland die jüdischen Geschäfte und Synagogen demoliert und in Brand gesteckt wurden. Dies als Antwort auf die Ermordung des deutschen Diplomaten v. Rath in Davos wird die Aktion begründet.

Schon schreiben wir das Jahr 1939. Die letzten drei Monate werde ich zur Gruppenverwaltung versetzt. Insgesamt sind es nur sechs Monate im Arbeitsdienst. Ende März werde ich entlassen. Ich komme nach Hause, da habe ich schon wieder Post von der Obrigkeit. Es ist der Einberufungsbefehl zur Wehrmacht. Ich bin in dem Alter, in welchem der erwachsene Mann schon zu allen Zeiten eingezogen wurde, dem Vaterland zu dienen. Am 12. 4. 1939 fahre ich nach Pinneberg. Eingezogen werde ich zum Fliegerhorst Uetersen vor den Toren Hamburgs. Es wird eine Reise in eine völlig unbekannte Zukunft. Ich fahre los und stelle mich.

Auf dem Kasernenhof bei der Grundausbildung 1939

Mir gefällt Hamburg, das Land und seine Leute sehr. In Hamburg-Wellingbüttel wohnt ein Verwandter meiner Mutter. Zu Hause steht schon immer ein Bild von der Familie. Es sind große und stolze Menschen. Ich habe sie schon immer bestaunt und bewundert. Sofort nehme ich Kontakt auf. Onkel ist schon 70 Jahre. Tante ist vor einigen Jahren verstorben. In seiner Garage steht ein Opel-Olympia. Auf seinen Wunsch mache ich in Pinneberg meinen Führerschein. Die Fahrprüfung lege ich auf der berühmten Reeperbahn ab. Nun schmieden Onkel und ich weitreichende Pläne. Es ist ja noch Frieden im Land. Da kann man das ja noch machen. Eine rosige Zukunft malen wir uns aus. Den üblichen Ausgang am Wochenende verbringe ich mit meinen Kameraden in Pinneberg und Hamburg. In Pinneberg hat es mir das Tanzlokal „Cap Polonio" angetan. Es ist die Inneneinrichtung des berühmten Luxusdampfers gleichen Namens. Die Tanzfläche ist von unten beleuchtet. So etwas kenne ich ja noch nicht. Hier finden meine ersten Tuchfühlungen auf dem glatten Parkett statt. Beim Tanzen versteht sich. Man ist ja nicht als Meister vom Himmel gefallen. Alles will gelernt sein.

Für den Bürger verläuft der Sommer noch friedlich. Auch für mich als Soldat. Der Dienst findet weiter auf dem Kasernenhof statt. Nach der Grundausbildung werde ich zur Fliegerhorst-Kompanie versetzt. Dort komme ich auf die Schreibstube. Die wird an jedem Wochenende gründlich gereinigt. Beim ersten Mal kommt ein Kommando von vier Rekruten von den Neuen aus der Ausbildungskompanie. Gegen 13.00 Uhr kopft es am Samstag an die Schreibstubentür. Da stehen die vier und machen mir Meldung: „Flieger Heinz Pröhl mit drei Mann zum Schreibstubenreinigen angetreten." Nun muß ich auch „rühren" befehlen, was ich auch tue. Dann nehme ich den Heinz beiseite und sage: „Du, ich bin genau so ein Armloch wie du, bin doch auch erst drei Monate hier." Da grinsen wir beide uns an und lachen. Ab sofort sind wir ein Herz und eine Seele.

Meine Freizeit dagegen hat einen Aktionsradius bis Hamburg bekommen. Dort veranstaltet die Stadt im Stadtpark „Planten und Blomen" das Sommerfest „Leuchtende Nächte 1939". Die berühmte Kapelle Juan Lossas spielt u. a. auch hier zum Tanz auf. So auch seinen berühmten „Tango Bolero". Mit meinem Kumpel Heinz verleben wir noch das angenehme Leben im Frieden. So ist es noch lebenswert. Eine eigene Flieger-Ausgeh-Uniform lassen wir beide uns schneidern. Es besteht ein besonderer Gleichklang zwischen uns beiden. Das ist halt vorhanden. Wenn wir am Wochenende zum Ausgang nach Pinneberg oder Hamburg in unserer schmucken Uniform fahren, sind wir schon wer. Was macht doch so eine Uniform aus einem Menschen, wie verändert sie ihn. Die Grundausbildung eines Soldaten ist inner ein besonderes Erlebnis. Sie formt erst den „ungehobelten" jungen Mann, daß er richtig militärisch stehen und marschieren kann. Das nennt man in der Soldatensprache auch schleifen. Die Grundausbildung wird zunächst verbessert und immer wieder verbessert. Wir stehen dann auf dem Kasernenhof in drei Reihen auseinandergezogen. Die Herrn Feldwebel und Unteroffiziere gehen an den Reihen vorbei und verbessern bei jedem Rekruten die Grundstellung. Nach Vorschrift muß jeder gefragt werden: „Flieger . . . , darf ich Sie anfassen?". „Jawohl", ist die Antwort. Ich bin der Kleinste und stehe am Ende im 3. Glied. Nun komme ich an die Reihe: „Flieger Endres, darf ich Sie anfassen?". Meine Antwort: „Nein, Herr Feldwebel!". Er wird stutzig. Alles dreht sich nach mir um. „Sie melden sich anschließend auf meinem Zimmer." Ich gehe anschließend auf sein Zimmer. „Flieger Endres, was haben Sie sich denn dabei gedacht?" meine Antwort: „Herr Feldwebel, wenn Sie alle fragen, darf ich Sie anfassen und alle sagen jawohl, dann darf auch einer dabei sein, der nein Herr Feldwebel sagt, nur darum." „Sie Teufelskerl, wenn Sie im

Unterricht nicht so gut wären." Er schmunzelt, zeigt mit dem Finger zur Tür und befiehlt: „Raus!". Mit einer Kehrtwendung stehe ich im Flur. Aber allmählich vergeht uns das Lachen. Es wird ernst. Der schöne Sommer 1939 geht zu Ende. Am 30. 8. 1939 gegen 20.00 Uhr muß die Kompanie antreten. Jeder bekommt sein Soldbuch und seine Erkennungsmarke. Am nächsten Morgen, dem 1. September 1939 spricht Hitler seine bekannte Rede. „Ich habe den Befehl gegeben, ab 6.00 Uhr wird zurückgeschossen."

Schon die Jugend sang in der Uhlstraße: „Wir werden weiter marschieren, wenn alles in Scherben fällt ... usw." Siehste Ewald, jetzt marschieren die Soldaten, die Scherben kommen später. Zunächst verändert sich nicht viel. Im Umfeld unserer Kaserne werden leichte Flakgeschütze aufgestellt. Traurig geht das Jahr 1939 seinem Ende entgegen. Anfang 1940 werde ich versetzt zur Nachschubkompanie der „Luftwaffe See" in Kiel-Holtenau. Hier riecht es nicht nur nach See, Salzwasser, auch nach Teer, Tang und nach neuen Kommandos. Hier heißt es nicht mehr: „Kompanie aufstehen", sondern: „Reise, Reise, aufstehen." Aufstehen müssen wir jetzt öfters in der Nacht. Wir bekommen Besuch von der Englischen Luftwaffe. Es sind wohl nur kleine, harmlose Scharmützel. Doch dann fällt die erste Bombe in Deutschland. Sie fällt in Heiligenhafen am Bahnhof. Bruder Alfred ist vom Landjahr dort, anschließend macht er die Böttcherlehre. Von Kiel aus besuche ich ihn und schaue mir die Abwurfstelle an. Mir geht es wieder durch den Kopf: „Siehste Ewald, du mußt wieder deine Nase dabei haben." Das ist der Anfang vom Ende. Ich werde noch nachdenklicher. Das große Leiden der Menschen ahne ich.

Himmelsbolero (Geschwader Boelcke)

Zum fliegenden Personal habe ich mich gemeldet. Es dauert nicht lange, da werde ich zur Fliegerschützenschule nach Kolberg versetzt. Hier treffen wir nach einer langen Fahrt, ca. dreißig Mann ein. In einer Braracke werden wir vorerst zur abendlichen Ruhe untergebracht. Aber von Ruhe kann keine Rede sein. Im Nachbarraum tagen die Herren Unteroffiziere. Es geht laut und lustig zu. Sie haben eine Feier. Es vergeht eine Stunde und noch eine halbe. Um 23.30 Uhr reicht es mir. Ich stehe auf, klopfe an, mache die Tür auf und stelle mich mitten in den Raum. Eine kurze Ansprache halte ich an die Herren Unteroffiziere derart: „Wenn nicht innerhalb fünf Minuten Ruhe herrscht, werde ich morgen Meldung machen. Wir haben eine lange Fahrt gehabt und müssen schlafen." Kurze Kehrtwendung und raus bin ich. Ab sofort herrscht Ruhe. Ohne Widerspruch oder sonstige Reaktionen wird meine Beschwerde hingenommen. Unsere Ausbildung als Bordschütze beginnt nun. Ausgebildet werden wir am Flieger-Maschinengewehr MG 15 und an der 2 cm Bordkanone. Zunächst theoretisch, dann praktisch. ich denke, das kann ja heiter werden. Da kommt ja noch viel auf mich zu. Das MG-15 beherrsche ich sehr gut. Sehr schnell habe ich es zerlegt und wieder zusammengebaut. Es liegt mir gut in der Hand und soll sich noch bewähren. Wir fliegen mit einer Maschine, der Focke-Wulf „Weihe", damit schießen und üben wir auf See-Ziele. Mit vier Mann, je vier Anflüge im Winkel von 45 Grad stürzen und schießen wir auf das schwimmende See-Ziel. Nicht jeder Magen der Kandidaten hält diesen Druck aus. Nach jedem Sturz wird die Maschine wieder hochgezogen.

Nach erfolgter Ausbildung hier werden wir zur weiteren Ausbildung verfrachtet. Mit der Bahn fahren wir weiter durch Polen, durch die Tschechoslowakei zunächst nach Malaki bei Pressburg. Bevor wir nach Hörsching bei Linz an der Donau zur großen Kampffliegerschule versetzt werden, genehmigt man uns hier einige Wochen Erholung. Ich schaue mich in dem Lande um. Die Kaffeehaus-Musik der Zigeuner-Kapellen hat es mir angetan. Sie wird hier meisterhaft gespielt. Sorglos verleben wir die Tage. Doch dann geht es weiter nach Linz-Hörsching. Es ist eine Stadt, die mit vielen angenehmen Erlebnissen mir in der Erinnerung bleiben wird. Zunächst der dienstliche Teil. Hier wird jeder Bordschütze einer Besatzung zugeteilt. Mit diesen Kameraden ist man nun auf Gedeih und Verderb verbunden. Auch dieser Satz soll noch seine besondere Bedeutung für unsere Besatzung erhalten. Hier werden wir „zusammengeschweißt". Alle Handgriffe werden im Flug geübt und müssen sitzen. Von besonderer Bedeutung ist auch die Fliegertauglichkeitsprüfung. Die gesamte Besatzung und auch die der gesamten Staffel nimmt daran teil. Diese Prüfung hat den Zweck, die Sauerstoffzufuhr und ihre Verträglichkeit je Besatzungsmitglied festzustellen. Jedes Besatzungsmitglied muß über seine Kameraden im Ernstfall informiert sein. Selbst kann man seinen Zustand nicht feststellen und kontrollieren. Ist an der Sauerstoffzufuhr etwas nicht in Ordnung, ist man in großen Höhen innerhalb von drei Minuten im Jenseits und man merkt es nicht. Das wird bei der Prüfung gezeigt und ist deutlich erkennbar. Jede Besatzung kommt gemeinsam zur Prüfung. Der Prüfling bekommt eine Maske aufgesetzt. Die anderen schauen zu, um die Reaktionen zu erkennen. Denn nun bekommt er verminderten Sauerstoff, wie er in 4.000 bis 5.000 Metern Höhe vorhanden ist. Der Arzt überwacht den Vorgang mit der Stoppuhr. Schon nach zwei Minuten laufen Finger und Mund blau an. Nach weiteren 30 Sekunden wird der normale Sauerstoff wieder zugeführt. Daß er einige Sekunden vor dem Fall X steht, merkt der Mensch nicht. Den kritischen Zustand betrachtet man als normal. Der Zuschauende allerdings sieht das abnormale Verhalten des Prüflings. Unsere Besatzung macht nun auch ihre ersten, gemeinsamen Flüge. Wir fliegen mit der Heinkel 111 B in das Böhmische Gebirge. Unser Flugzeugführer, Uffz. Willi Vogel macht auf mich als Pilot einen guten Eindruck. Neben dem Dienst kommt nun auch das Vergnügen und die Freizeit zu ihrem Recht. Das ist uns hier in Linz a. D. noch vergönnt. Gut essen und trinken und auch die Geselligkeit kommen gut zur Geltung. Vor allem die Weinstuben mit ihrer heurigen Musik sind urgemütlich. Da ist dann der Krieg mit seinen Fronten weit entfernt.

Eine komplette Pelzgarnietur brauchen wir 1941 noch bei der Ausbildung als Bordschütze in der He 111 B, wie „Berta".

Das Jahr 1941 bricht an. Was wird es uns bringen, denkt jeder. Es soll ein gewichtiges Wort in der Geschichte mitreden. Inzwischen haben wir die Schulung in Hörsching beendet. Wir sind zu einer Besatzung ausgebildet worden. In einer Staffelformation, bestehend aus neun Besatzungen fahren wir nach Barth in Pommern. dort stehen schon die Maschinen auf denen wir üben und auch später zum Einsatz an die Front kommen werden. Wir staunen nicht schlecht. Steht doch da das Neueste vom Neuen auf dem Rollfeld. Die Ju 88, der Horizontal- und Sturzkampfbomber mit seinen zwei Motoren. Die Ju 87 hat bekanntlich nur einen Motor. Nun hat man noch einen dazu getan. Das ist eine echte Überraschung für uns. Sie soll Fern- und Punktziele angreifen. Gewiß mit der Ju 87 hat man Erfolge erzielt. Ob das Konzept mit der Ju 88 aufgeht, wird sich zeigen. Uns steht es nicht an, Kritik zu üben. Gefragt werden wir nicht. Also rein in die Maschine.

Zunächst erhalten wir den theoretischen Unterricht über dieses neue technische Modell. Die speziellen Funktionen müssen studiert und eingeübt werden. Ich selbst sehe das alles mit gemischten Gefühlen an. Wenn ich so vor einer Maschine stehe und mir ausmale, mit der Maschine vom Himmel zu fallen, kratze ich mich doch einmal hinter den Ohren. Auf der anderen Seite reizt es mich ungemein, so etwas erleben zu dürfen. Dann hätte ich kein Himmelsstürmer werden sollen. Meine Position ist unten in der Bodenwanne. Mein MG 15 bestreicht das Schußfeld nach hinten. Der Funker und der Beobachter haben ebenfalls ein MG 15. Langsam aber sicher gehen wir mit der Schulung zum fliegerischen Teil über. Also auch zu unserem 1. Sturz. Zunächst üben wir Langstreckenflüge, danach Einmotorenflüge. Das ist für uns nichts neues. Aber dann kommt der erste Sturz. Ich bleibe auf meinem Anflugsitz angeschnallt sitzen. Dann kommt der Befehl vom Flugzeugführer: „Fertigmachen zum Sturz". Ich selbst habe nicht viel fertig zu machen. Allerdings, beim ersten Mal muß ich schon mein Innenleben auf Vordermann bringen. In mir ist ein Gemisch von Ungewißheit und auch Neugierde mit Stolz vermischt. Der Flugzeugführer trägt jetzt die volle Verantwortung. Er muß erstens die Maschine kopflastig trimmen, zweitens die Kühlerklappen schließen, drittens die Propeller auf Segelstellung schalten, viertens. dieSturzflugbremsen ausfahren. Mit einem leichten Druck auf den Steuerknüppel nach vorn neigt sich die Maschine vornüber nach unten. Wie neugierig wir alle sind, kann man sich denken. Wir stürzen aus 3.000 Metern Höhe. Es ist ein Senkrechtsturz. Dafür ist sie konstruiert. Hier liegt der Schwerpunkt auf dem Wort senkrecht. Doch man kann hierbei auch, wie so oft im Leben, zu weit, zu weit gehen. Darüber noch später in diesem Bericht. Nun stürzen wir. Ich warte auf irgendeine Reaktion. Nur ein leichtes Vibrieren der Maschine verspürt man. Sonst herrscht Ruhe. Dann erlaube ich mir einen Blick zur Erde. Die Konturen werden rasend größer. Jetzt ertönt ein Horn in 2.000 Metern Höhe. Der Flugzeugführer zieht nun mit dem Höhensteuer die Maschine in die horizontale Lage. Danach macht er alle oben angeführten Sturzmaßnahmen wieder rückgängig. Nun kommt die wichtigste Reaktion für den Menschen. Der Abfangdruck ist so stark, daß man förmlich in den Sitz gedrückt wird. Die Wangen ziehen sich nach unten. Es entsteht ein starker Druck im Kopf. Aus einigen Maschinen werden Besatzungsmitglieder abgelöst. Sie bekommen starkes Nasenbluten. Vierundzwanzig Stürze sind für eine Besatzung das Ausbildungsprogramm. Dazu gehört auch ein Sturz aus 6.000 Metern Höhe. Er dient zur Überprüfung der Sauerstoffmasken in großen Höhen. Dabei erlaubt sich

Willi, die Maschine aus dieser Höhe zu stürzen. Ich will versuchen, sein fliegerisches Verhalten in Bezug auf die Ausbildung seiner Besatzung kritisch zu beleuchten. Hierbei spielen die Begriffe: „Ursache und Wirkung", sowie: „Man kann auch zu weit, zu weit gehen", für mich eine entscheidende Rolle.

Letzter Gruß

Die Staffel von 9 Maschinen wird nach erfolgter Ausbildung verlegt. Der ganze Haufen kommt nach Chievre bei Mons in Belgien. Hier werden wir dem Kampfgeschwader (KG 3) zugeteilt. Noch einige Flüge und Stürze machen wir hier. In einem Kloster nahe dem Ort Brügelette werden wir untergebracht. Ich denke, in dieser Zeit ist aber auch alles möglich. Man stelle sich vor, mein Bett steht in einer Nische in einem Saal, in dem eine Nonne geschlafen hat. Wir üben hier weiter den Bombenzielwurf aus 3000 m Höhe. Dabei werfen wir mit Zementbomben in einen Kreis von 50 m Durchmesser. Unseren Treffer können wir sofort feststellen durch eine Rauchpatrone in der Bombe. Wir haben bisher die besten Ergebnisse bei dieser Übung. Kein Wunder, denn wenn ich beim Sturz in der Bodenlafette senkrecht stehe muß ich mich festhalten, damit ich nicht nach hinten falle. Das bedeutet, Willi läßt die Maschine total fallen, ohne einen Druck auf dem Höhensteuer zu belassen. Dadurch tritt eine Verzögerung ein, die Maschine aus dem Sturz in die Horizontale zu ziehen. Das soll sich noch rächen. Einige Besatzungen führen ihre noch fehlenden Zielstürze durch. So auch am 20.6.41. An diesem Morgen ist sehr schlechtes Wetter. Flugdienst ist nicht angesetzt. Dafür steht Sport suf dem Dienstplan. Meine Gruppe übt Weitsprung. In der Sprunggrube ist eine neue Fuhre Sägemehl verteilt. Alle springen. Nun komme ich an die Reihe. Einen tollen Sprung von 5,10 m springe ich. Bei der Landung erwische ich

Am Grab meiner Besatzung in Mons (Belgien)
1941

ein Stück Holz in dem Sägemehl. Der rechte Fuß schlägt um und läuft sofort blau an. Ich muß sofort ins Bett, den Fuß ruhig stellen. Am Nachmittag wird das Wetter wieder schön und es wird Flugdienst angesetzt. Auch meine Besatzung wird noch einmal eingesetzt. Uffz. Vogel kommt gegen 14.00 Uhr und will mich abholen. Er weiß von meinem Unfall nichts. Er meint, es sind ja 3 neue Bordschützen gekommen, da nehme ich einen an deiner Stelle mit. Ich wünsche wie üblich noch „Hals und Beinbruch". Es ist das erste Mal, daß ein Besatzungsmitglied nicht mitfliegt. Ich liege so gegen 15.00 Uhr im Bett. Der UvD kommt hoch zu mir. Ewald sagt er, es ist eine Maschine abgeschmiert. Zu diesem Zeitpunkt sind noch 3 Maschinen in der Luft. Welche Besatzung es ist, ist noch unklar. Nach 30 Minuten kommt er wieder zu mir und teilt mir mit, daß meine Besatzung nicht mehr aus dem Sturz bzw. zu spät, herausgekommen ist. Alle 4 Kameraden sind tot. Ich ziehe mich an einen stillen Ort zurück. An meine Besatzung denke ich. Auch an Erick Rybak, der bei diesem Flug für mich eingesprungen ist. Auch an mein Überleben. Meine Stunde sollte es nicht sein. Aber auch an meine Andeutung in Bezug auf „Ursache und Wirkung". Warum jetzt? Mir schwirrt alles im Kopf umher. Wie oft ist Willi zu senkrecht gestürzt, daß ich mich festhalten mußte. Ausgerechnet heute ist es passiert. Nun bin ich überzählig und habe keine Besatzung mehr. Ich verrichte jetzt Dienst auf der Schreibstube. In dieser Funktion muß ich den Nachlaß meiner Besatzung sichten und zum Versand nach Hause fertig machen. Bei meinem Beobachter stoße ich auf einen Spruch, der so richtig auf unsere Fliegerei zugeschnitten ist:

> *Das Leben geliebt und die Sünde geküßt,*
> *das Herz den Frauen gegeben und*
> *der letzte Gruß wenn der Tod uns grüßt,*
> *das nennen wir Fliegerleben.*

Dann kommt der 5. Juli 1941. Krieg gegen Rußland. Ich denke, nun hat Hitler die ganze Welt gegen sich. Nach Hannover-Langenhagen werde ich versetzt zum Kampfgeschwader „Boelcke" KG 27. Nun fliege ich nicht mehr im Sturzkampfflieger Ju 88, sondern in der He 111. Man will mir wohl in der Zukunft die Stürze ersparen. Verlegt werden wir nach Eindhoven in Holland. Von dort werden die Einsätze nach England gestartet. Oft stehe ich am Rollfeld und schaue den Besatzungen und Maschinen beim Start zu. Früher oder später komme ich auch an die Reihe, sage ich mir. Dann werde ich auch die Front überfliegen. Selbst habe ich noch keine Besatzung im neuen Geschwader. So lande ich zunächst auf der Schreibstube. Da schreibe ich, was halt zu schreiben ist. Wenn ich schon schreibe, dann muß es auch fehlerfrei sein. Da bin ich auch für. Was mag da wohl Hauptmann Hartmann geritten haben, mir Strafexerzieren aufzubrummen, weil ich den Namen Leutnant Grimmell nur mit einem „l" geschrieben habe? Mit Wut im Bauch erledige ich diese „Schmach". Ich betrachte das als Training nach dem Motto: „Gelobt sei, was da hart macht". Nur runter schlucken kann ich das nicht. Nach 24 Stunden greife ich zur Feder und reiche eine Beschwerde beim Gruppenführer ein. Hauptmann Hartmann wird nach einer Woche an die Front versetzt.

Woronesch und Stalingrad

Aber auch für mich ist es soweit, ich muß an die Front. Die 4. Gruppe des KG 27 wird auch gebraucht. Der Winter 1941 hat die Schwierigkeiten in diesem weiten Land aufgedeckt. Wir schreiben Juli 1942. Mit einer langen Bahnfahrt kommen wir in Kursk an, zu unserem Einsatzort. Da angekommen, fahren wir in unsere Unterkunft. Unterkunft ist gut, es ist Sommer. Am Rande vom Rollfeld in einem kleinen Wald graben wir uns ein Loch in die Erde. Es ist etwas größer als ein Grab auf dem Friedhof. Aber dieser Vergleich stört mich nicht. Aus dünnen Stangen basteln wir unser Bettgestell. Es ist ein schöner Sommer. Es läuft auch hier alles so friedlich ab. Abends sitzen wir am Lagerfeuer und singen die alten Wanderlieder. Auch Filme werden gezeigt. Dafür haben wir die Propaganda-Kompanien. Unsere ersten Feindflüge starten wir auf Stellungen südlich von Woronesch, auf die Ziegelei. Es ist nichts Aufregendes dabei. Langsam aber sicher werden wir mit dem Begriff „Front" vertraut. Unsere Angriffe richten sich verstärkt auf Woronesch, das sich zum Kampfmittelpunkt gemausert hat. Der Russe kontert mit seinen leichten Maschinen.

Nach unserem Einsatz fliegt er bei unserem Rückflug in großer Höhe mit uns zurück. Bei, bzw. nach der Landung, wirft er dann zwischen unsere Maschinen seine 50 kg Bomben. Das geschieht sehr oft. So auch heute wieder. Dabei hat er uns sehr nahe getroffen. Wir waren in Pulverdampf gehüllt, er stieg uns so recht in die Nase. Wir sind gerade auf einen Lkw-Anhänger gestiegen, der uns zur Unterkunft bringen soll. Bei dem Knall liegen wir alle flach. Nachdem sich alles beruhigt hat, setzen wir uns wieder auf die Bänke. Ich suche jetzt mein Käppi und finde es. Aber was ist denn das? Genau in der Mitte oben ist ein Dreieck eingerissen. Das war aber noch nicht. Aha, ein Bombensplitter ist also genau zwischen meiner Kopfhaut und dem oberen Ende meines Käppi durchgesaust. Das nennt man Maßarbeit, aber auch ein besonderes Schwein. Ich durfte also nicht größer sein. Fortan bin ich mit meiner kleinen Größe einverstanden. 2 cm größer und ich bin nicht mehr. Allmählich bekomme ich den Eindruck, daß das Schicksal es sehr gut mit mir meint.

Wir schreiben den Monat August 1942. Die 9. Staffel soll heute einen Angriff auf Woronesch fliegen. Der Start ist um 7.00 Uhr. Also pünktlich ab an die Maschinen. Meinen Fallschirmgurt habe ich gerade angelegt. Wir stehen noch vor unseren Maschinen. Da saust und braust es aus Richtung Flugleitung. Die Flak feuert sofort in den angreifenden Pulk hinein. Es sind 15 IL 2 Schlachtflugzeuge die uns im Tiefflug angreifen. Das sind gepanzerte Flugzeuge, speziell für solche Angriffe gebaut. Sie fliegen den Angriff auf unsere Vorbereitungen. Wie es das Schicksal wieder will, sind wir rechts außen die letzte Maschine. Die linke Maschine der Russen kommt genau auf uns zu und feuert. Der Grasboden wird von den Geschossen aufgerissen. Welche Richtung die Geschosse nehmen, kann ich genau verfolgen. Ich liege auf dem Bauch und brauche meinen Liegepunkt etwas nach rechts verlegen, dann streicht die Geschoßgarbe an mir vorbei. Das geht alles in Sekundenschnelle. Das ist aber noch nicht alles an Überraschung. Eine Maschine hat auf die Waggons auf dem Anschlußgleis gefeuert. Die sind mit allen Kalibern an Bomben beladen. Mit Erfolg wie ich sehen kann. Das Feuer wird man schnell löschen, denk ich. Von meinem Standpunkt sind es ca. 200 m nach dort. Doch dann erfolgt schon die Explosion. Alle Waggons fliegen in die Luft. Durch die Druckwelle falle ich um. Genau da, wo ich mit meiner Nase hinfalle, steht ein 4-blättriges Kleeblatt. Du hast Glück Junge sagt das mir. Ich pflücke es und sende es an meine Freundin in der Heimat. Dann schaue ich mir das Geschehen weiter an. Der Explosionspilz wird höher und höher. Einige hundert Meter hat er schon an Höhe erreicht. Noch immer sind oben in dem Pilz Explosionen zu sehen. Nur dadurch, daß der Wind in die mir entgegengesetzte Richtung weht, werden ich und meine Kameraden von den herabfallenden kleinen und größeren Splittern verschont.

Einige Wochen fliegen wir rollende Einsätze auf Stellungen südlich von Woronesch. Rollende Einsätze bedeuten laufende Einsätze am Tag. Wie immer, so auch bei einem dieser Starts, liege ich in der Bodenwanne. Das ist die Ein- und Ausstiegsklappe der He 111. Hier mache ich wieder, wie immer, „luki, luki". Das heißt so viel wie schauen, schauen. Die Augen offenhalten, alles sehen und registrieren. Unheil für dich und deine Besatzung abwenden. Wie gut soll ich damit noch in nächster Zukunft mein und das Leben meiner Besatzung vor dem Schlimmsten bewahren.

Helmut gibt Gas. Die Maschine rollt auf der Beton-Piste und nimmt Fahrt auf. Was sehen da meine Augen? Ein großer, spitzer Flaksplitter steckt in dem linken Reifen. Wenn der bei Tempo 100–200 km durchstößt, dann fliegen wir nicht mehr. Ich rufe „Helmut" durch mein Kehlkopfmikrofon, „im linken Reifen steckt ein großer Flaksplitter". „Egal" antwortet Helmut. Das ist wieder typisches

Frontfliegerverhalten. Da gibt es nur drauf, dran und davon. Alles andere regelt das Glück. Er hat aber auch schon zu hohe Fahrt, um den Start abzubrechen. Die Maschine hebt ab. Gott sei Dank, ein Stein fällt mir vom Herzen. Aber wir müssen ja auch wieder landen, was dann? Der Splitter steckt ja noch immer. Wir fliegen stur weiter nach Osten. Vor dem Frontüberflug ist jedes Besatzungsmitglied mit sich selbst beschäftigt. Ich erledige dann etwas, was ich vernünftig finde. Für jeden Feindanflug bekommen wir u. a. eine Dose Schokakola—Schokolade. Ich denke, ess die vor dem Frontüberflug, du weißt ja nicht, ob du sie nach dem Rückflug noch verspeisen kannst. Sie wird mit vollem Genuß verzehrt. So wie die bekannte „Letzte Zigarette". Ich verspüre plötzlich einen Druck auf meiner Blase. Ich öffne die Luke zum Patronenauswurf und pinkele knieend in die Öffnung. Durch den Fahrtwind bekomme ich den ganzen Saft ins Gesicht zurück. Nein, das mache ich auch nicht mehr. Hier oben gelten besondere airodynamische Gesetze. So wie die Höhensteuerstellung beim Sturz der Ju 88 und die bösen Folgen. Die Dose Schokolade habe ich halb aufgegessen, da knallt es. Trotz dröhnendem Motorengeräusch.

Jetzt hat der Splitter in dem Reifen seine Schuldigkeit getan und sein zerstörerisches Werk vollendet. Die Reifenverkleidung hat sich durch den Druck gelöst und flattert nun im Fahrtwind. So Unrecht habe ich doch nicht gehabt mit meiner Warnung beim Start. Es hätte dann auch passieren können, das wäre unser Ende gewesen. Also wieder einmal echtes „Schwein" gehabt. Durch Funk melden wir unsere Situation an unseren Einsatzhafen. Zunächst werfen wir unsere Bombenlast blind ins unbewohnte Gebiet ab. Dann fliegen wir Kurs zurück. Dort werden die Vorbereitungen für unsere Einradlandung getroffen. Einig Runden fliegen wir um den Flugplatz, derweil unten rege Tätigkeit herrscht. Die Feuerwehr und die Sanitätswagen fahren in Position. Wir in der Maschine treffen auch unsere besonderen Vorbereitungen für diesen Sonderfall. Die Hauptlast trägt unser Flugzeugführer. Sein Können entscheidet, ob wir heil landen. Wir schnallen uns besonders sorgfälltig an und stemmen uns mit den Beinen zusätzlich an der Konstruktion ab. Nun schwebt Helmut mit 180 km runter und setzt mit einem Rad auf. Jetzt hält er die Maschine solange auf einem Rad wie sie sich halten läßt. Dann neigt sie sich auch auf das defekte Rad und mit einer Vollbremsung steht sie. Der letzte Teil besteht aus einer Drehung um die eigene Achse. Hat mal wieder gut gegangen, denke ich. Wie so oft.

Eine Front ist ja immer in Bewegung. So fliegen wir auch entsprechend auf neue Ziele. Wir schreiben Anfang September 1942. Die Aufklärung muß da wohl etwas Interessantes entdeckt haben. Es sind die Bahnhöfe im russischen Donbogen. Darauf starten wir Dämmerungsangriffe. Es ist das Aufmarschgebiet für die Winteroffensive nördlich Stalingrads. Starke Flakabwehr kommt uns entgegen. Im Zusammenhang ist zu verstehen, daß wir weiter südlich nach Rossosch verlegt werden. Auch von hier starten wir Dämmerungsangriffe auf die Vorbereitungen zur großen Offensive. Es muß wohl dringlich sein, denn es dauert nicht lange dann werden wir nach Millerowo verlegt. Es ist der Flugplatz vor Stalingrad. Nun beginnt der Kampf um und gegen Stalingrad. Er wird immer härter. Bei unseren ersten Angriffen stehen noch Fesselballons über der Stadt. Aber nicht mehr lange. Nun fliegen wir ununterbrochen auf die Stadt, auch auf das weitere Umfeld wie das andere Ufer mit seinen Flakstellungen. Bis zum Elton-See fliegen wir. Die Eisenbahnlinie Astrachan-Engels kontrollieren wir durch bewaffnete Aufklärung.

Vor jedem Angriff wird uns exakt der Frontverlauf in der Flugeinsatz-Besprechung, an Hand großer Spezialkarten mit Freund-Feind-Markierung am Wolgaufer in Stalingrad, erklärt. Dadurch können wir erkennen, daß sich die Russen in der Stadt nur noch in Ruinen der großen Werke, wie „Roter Oktober" oder „Traktorenwerk" und einige mehr verschanzt haben und tapfer die Stellung halten. Da helfen keine 250 kg Bomben mehr, da müssen schon 1000 kg Bomben her, um diesen Widerstand zu brechen. Als ich so ein Ungeheuer zum ertenmal sehe, schüttele ich nur mit dem Kopf. Sie wird unter dem Rumpf transportiert, ein- und ausgeklinkt.

Vor dem Feindflug auf den Feldflugplatz Millerowo mit Funker Feldw. Wiese 1942

Oft ist Stalingrad durch Wolken verhangen. Dann sammeln wir uns über den Wolken. Mit 5 Minuten Abstand kreist jede Maschine über dem Ziel durch die Wolken nach unten. Ist die Wolkenuntergrenze über dem Traktorenwerk ereicht, in ca. 100 m Höhe, wird schnell das Ziel gesucht und erkannt. Die 1000 kg Bombe wird ins Ziel ausgeklinkt. Ein starker Ruck geht durch die Entlastung durch die Maschine. Die Bombe hat einen Zünder mit 28 Sekunden Verzögerung der Zündung. Derweil haben wir uns in südlicher Richtung im Tiefflug aus dem Staub gemacht. In Höhe der „Roten Mühle", dem Haus mit den vielen zerschossenen Fenstern erreicht uns noch die Druckwelle. Hier ist sie noch sehr stark. Mein Orientierungspunkt in Stalingrad ist erreicht. Also ab nach Westen nach Millerowo.

Bei einem der nächsten Angriffe sollen meine Umsicht und Aufmerksamkeit wieder hoch belohnt werden. Meine Augen sind bei so brisanten Aktionen, wie die Maschine zum Start klar machen, hellwach und überall. Gegen 3.00 Uhr morgens ist an dem fraglichen Tag die Flugbesprechung angesetzt. Die Maschine ist wieder mit einer 1000 kg Bombe beladen. Anschließend gehen wir wie üblich zu unseren Bombern zum Start. Dort angekommen, überprüfe ich zunächst die Maschine wie sie da steht. Und wie sie da steht. Das springt mir so recht ins Auge. Lustig flattern da im Morgenwind 2 Fähnchen. Sie sind eben zum Flattern da. Aber auch nur zur rechten Zeit. Denn wir wollen ja einsteigen und mit dem Ding starten. Die Querruder sind damit festgestellt. Es ist also ein toter Vogel, der nicht fliegen kann. Jetzt wird es so recht lustig und gefährlich. Der 1. Wart der Maschine baut sich vor unserem Flugzeugführer auf und meldet die Maschine „startklar". Ich denke, Ewald gemach, gemach. Halt du jetzt mal die Schnauze. Paß einmal auf, ob außer dir noch jemand von den 5 Besatzungsmitgliedern diesen schlimmen Fehler merkt. Du kannst ja zu jeder Zeit durch das Kehlkopfmikrofon alles wieder klar machen. In aller Seelenruhe steigen die Herren ein. Wie immer, ich als der Letzte. Die Bremsklötze werden entfernt, die Motoren angelassen. Es sind noch 400 m bis zum Startplatz. Bis dahin rollt er mit der Maschine. Bevor er in die Startrichtung einschwenkt, greife ich ein: „Herr Oberleutnant, die Querruder sind doch noch festgestellt". Kurze Pause, dann kommt zurück: „Donnerwetter, 2 Mann raus und abnehmen". Anschließend geht man zur Tagesordnung, zum Start über. Es ist so, also ob alles normal verlaufen wäre. Nur nicht bei mir. Wie schon so oft, sende ich einen dankbaren Blick nach oben.

Besuch von der anderen Seite

Die nächste Aktion ist wohl der Höhepunkt in meinem fliegerischen Einsatz an der Front. Muß ich doch zum ersten mal in Bezug auf meine Funktion in der Besatzung als Bordschütze zur Waffe greifen und das auch noch erfolgreich. Wie schon erwähnt, fliegen wir auch weit in das Hinterland um den Nachschub zu stören. Das sind vor allem die Eisenbahnlinien. So manchen Zug haben wir schon vernichtet. Auf fliegerischen Widerstand sind wir bisher noch nicht gestoßen. Außer Flakbeschuß auf dem anderen Wolga-Ufer. Wieder einmal ist ein Angriff auf den Nachschub weit hinten am Elten-See angesetzt. Bei solchen Flügen kommt schon der Gedanke, wie weit ist dieses Rußland? Können wir dieses Land überhaupt bezwingen?

Wir sind noch im Anflug auf die Eisenbahnlinie. Was wird der Angriff uns bringen? Treffen wir wieder einen Transportzug an? In aller Ruhe esse ich meine Schokakola-Ration auf. Sie soll ja auch die Nerven stärken und eine ruhige Hand beim Schießen vermitteln. Ach ja, schießen, worauf? Wir haben ja keinen russischen Jäger zu Gesicht bekommen. Stur fliegen wir mit unseren 15 Maschinen weiter nach Osten. Unsere Maschine ist hinten links der Kettenhund. Warum soll man auch nach hinten schauen, da kommen wir doch her. Nach vorne schauen die Besatzungen, da ist das Ziel. Wie es das Schicksal will, schaue ich doch einmal nach hinten. War es eine innere Stimme? O Schreck, wir haben Besuch von der anderen Seite. Da fliegt doch ein russischer Jäger auf gleicher Höhe mit uns. Die Entfernung ist so 80–100 m leicht links hinten abgesetzt. Außer mir hat den wohl noch keiner gesehen. Keine Besatzung macht Meldung. Die schauen alle nach vorne. Vor lauter Überraschung mache ich auch keine. Ich denke, stör diese Ruhe nicht, solange der Iwan paralell zu unserem Kurs fliegt. Ja aber was wenn, wenn er uns als letzte Maschine mit einem Rechtsschwenk durch einen Feuerstoß abknallt? Der Angriff ist bekanntlich die beste Verteidigung. Ich kann mich aber jetzt nicht mit trockener Theorie beschäftigen. Also Angriff von mir. Mein MG 15 nehme ich aus der Halterung und entsichere. Ab jetzt lasse ich ihn nicht mehr aus den Augen. Ich halte ihn im Fadenkreuz. Praxis habe ich ja noch nicht gehabt. Also gebe ich 1-2 Feuerstöße als Probe und als Warnung, daß er verschwinden soll. Die Feuerstöße setzte ich vor seine Maschine. Da sehe ich, wenn die Geschoßgarbe im Fahrtwind einen Bogen fliegt. Er stört sich nicht daran, er fliegt stur weiter. Nun gebe ich Dauerfeuer, bis die Trommel leer ist. Bewußt habe ich und konnte mittels Fadenkreuz auf den Motor zielen. Das hat wohl gereicht, denn der Pilot drückt seine Maschine unter unsere, auf die andere Seite. Ich springe an das andere MG, entsichere und ziele. Jetzt reißt er die Maschine hoch um auszusteigen. Er ist kampfunfähig, ich nehme meinen Finger vom Abzug. Er schmeißt das Kabinendach ab und steigt aus der Maschine. Mit seinem Fallschirm landet er auf der Erde. Die Maschine zerschellt mit einem Aufschlagbrand. Wir fliegen weiter und erledigen den Angriff auf die Eisenbahnlinie. Der Heimflug ist wie immer Routine.

Mit der Fliegerverpflegung leben wir gut. Mit unseren Strohsäcken in unserem Privatquartier sind wir nicht so recht zufrieden. Die soll ich alle etwas nachstopfen. Hinter unserem Haus steht eine große Heumiete. Den 1., den 2. und den

3. stopfe ich nach. Nun habe ich schon ein tiefen Loch in den Haufen gerupft. Beim 4. Sack greife ich auf etwas Hartes. Es fühlt sich wie eine Flasche an. Es ist eine 1/2 Ltr. Flasche mit versiegeltem Korken. Es ist echter Wodka. Nun prüfe ich in dem Haufen weiter. Es sind viele in dem Haufen, es ist ein Nest von Flaschen. Meine Hand kann sie nicht alle erfassen. Zunächst halte ich den Fund geheim.

Mit 1 Flasche gehe ich zum Abendessen. Die Überaschung ist mir gelungen. Ich sage meiner Besatzung, daß wir für einige Zeit versorgt sind. Es sind insgesamt 34 Flaschen von der besten Qualität. Ich verteile sie alle, denn Abnehmer finde ich genug.

Es ist noch erträglich hier in Millerowo. Die Front ist noch ruhig und stabil. Wie lange wird sich dieser Zustand noch halten, denken wir. Hin und wieder gehe ich in die Stadt. Dann spreche ich auch mit Soldaten. Da wird von Friedensverhandlungen gemunkelt. Im Geiste schlachten wir dieses Gerücht aus. So wird die Hoffnung auf Frieden genährt. Unserem Quartier gegenüber wohnt Iwan, 16 Jahre alt. Am Abend nach dem „Dienst" besuche ich ihn oft. Er lernt und spricht sehr gut deutsch. Ich nehme etwas an seinem Familienleben teil. Wir haben uns angefreundet. Er hat viele Bücher in deutscher Sprache. Darin stöbere ich gerne und lese darin. Da komme ich in einem Buch an eine Erzählung, die mich bis heute nachhaltig beschäftigt. Darin wird berichtet über die Stadt Hamburg. Mit allem, was man über eine Weltstadt berichtet. Doch dann steht da am Ende der Erzählung der Satz: „Wenn dereinst russische Kinder im Hamburger Hafen spielen, usw." Wie kann das gemeint sein? Da gibt es verschiedene Möglichkeiten. Die Kinder sollen dort spielen, schön. Aber die Väter und Mütter? Als Gäste, Touristen oder? Jetzt schaue ich erst einmal nach dem Ausgabejahr des Buches. Im Jahre 1938 ist es aufgelegt. Das gibt zu denken. Die Geschichte wird es noch klären. Aber auch ein Besuch der Baustelle neben dem Haus von Iwan ist für mich eine interessante Abwechslung. Da wird gehämmert, gezimmert und gemauert was das Zeug hält. Ich denke, für wie lange haben die Herren ihren Aufenthalt hier berechnet? Es sind Bauarbeiter der Organisation Todt. Die machen sich keine Sorgen. Es ist die Zeit der stillen Front. Man kann auch sagen, die Ruhe vor dem Sturm. Gerüchte über Friedensverhandlungen tauchen immer wieder auf. Sie dienen wohl der Einschläferung. Denn auf der anderen Seite laufen die Vorbereitungen zu dem Groß-Angriff der Herbst-Winteroffensive 1942/43 auf vollen Touren. Jenseits des Donbogen im Hinterland liegen die Ausladebahnhöfe vom Russen. Darauf fliegen wir rollende Einsätze, auch sogenannte Dämmerungsangriffe. Sie sind ein schauriges Feuerwerk von oben gesehen. Ab Mitte Oktober 1942 setzen die Russen hier verstärkt ihre Luftwaffe wieder ein.

Dann beginnt die große Wende des Krieges. Wir schreiben den 18. November 1942. Gegen 17.00 Uhr fliegen 12 Stuka Ju 87 in Richtung Nord/Ost. Was soll denn das, denke ich. Bisher gab es für uns nur eine Richtung, die nach Osten. Ich brauchte aber nicht lange darüber nachgrübeln. Die Erklärung dafür folgt prompt am nächsten Morgen des 19.11.1942. Dieses Datum soll wohl in die Geschichte eingehen. Wie gewöhnlich treffen wir in der Flugleitung die Vorbereitungen zum Start. Den Besatzungen wird eröffnet, daß der Russe am Donbogen und auch südlich von Stalingrad zur Offensive angetreten ist. Also fliegen wir mit 20 Maschinen in Richtung Nord/Ost. Dieser Frontabschnitt wird von Rumänen und Italienern verteidigt. In der Nacht hat es geschneit. Wir brauchen nicht weit zu fliegen. Die Angriffswellen kommen uns schon bald entgegen. Wir fliegen in 3000 m Höhe. Die Offensive rollt über den frischen Schnee. Weiße Tarnanzüge tragen die russischen Soldaten noch nicht. So kann ich das ungeheure Ausmaß der Offensive klar erkennen. Ihre leichte Flak schießt Sperrfeuer. Ein Meer von krepierenden Flak-Granaten am Himmel, bzw. in unserer Höhe, umgibt uns förmlich. Unter uns wimmelt es von allem, was die Kriegstechnik aufzubieten hat. Unsere Leitmaschine hat aus diesem Gewimmel ein würdiges Angriffsziel ausfindig gemacht. Es ist eine Panzerkolonne. Da hinein werfen wir unsere Bomben. Dann machen wir kehrt und ohne Verluste kehren wir in unseren Heimathafen zurück.

Nun überstürzen sich die Ereignisse. Die Fluchtwelle der zurückflutenden Soldaten schwabbt sofort bis Millerowo über. Ich selbst werde in meiner Maschine gegen einen Kriegsberichterstatter ausgetauscht. Dadurch ist der heutige erste Angriff auf die Großoffensive zugleich mein letzter Feindflug geworden. In den nächsten Tagen werden rollende Einsätze auf die vorrückenden russischen Truppen geflogen. Ich selbst kann nur einen ungeordneten Rückzug beobachten. Plötzlich wird aus dem Jäger ein Gejagter. Vorrangig ist nun nicht mehr die Bombardierung der Offensive, sondern die Versorgung unserer eingeschlossenen Truppen in Stalingrad. Unsere Besatzungen fliegen Munition und Lebensmittel in den Kessel rein und Verwundete raus. Zu dieser Zeit wartet man täglich, daß die deutsche Heeresleitung die Kräfte in und um Stalingrad umdisponiert gegen die beiden Angriffsspitzen der Russen im Norden, wie auch im Süden. Es wäre eine Möglichkeit, das Unheil abzuwenden. Es wird auch kälter.

Am 26.11.1942 werden wir, d. h. die 3. Gruppe zur Auffrischung nach Deutschland in Marsch gesetzt. Die 4. Gruppe kommt für uns rein. In Poltawa deponieren wir unsere beweglichen Ausrüstungsgegenstände. Mitte Dezember 1942 treffen wir auf unserer langen Reise in Hannover-Langenhagen ein. Hier ist der

Heimathafen des „Boelcke Geschwader KG 27". 3 Wochen Urlaub erhält jeder und damit ab in die Heimat. Von der Front in die Heimat ist schon ein schönes Gefühl. Zumal der Urlaub über Weihnachten und Neujahr geht. Doch mein Urlaub wird jä unterbrochen. Die Lymphdrüse in der linken Achselhöhle entwickelt sich zu einer Größe wie ein Hühnerei. Am 27.12.1942 muß ich ins Lazarett und werde sofort operiert. Es liegt nur einige Kilometer von meinem Haus. Das ist schon gut, denn ich muß ca. 4 Monate im Lazarett aushalten. Die Wunde will und will nicht heilen. Derweil ist meine Besatzung längst wieder an der Front. Für sie lauten die Einsatzbefehle jetzt anders. Jetzt müssen sie die Rückzugsgefechte decken. Später muß ich in der Chronik vom Deutschen Roten Kreuz lesen, daß meine Besatzung als vermißt gemeldet ist. Der Aufenthalt im Lazarett ist alles andere als gemütlich. In den Monaten Januar, Februar, März und April 1943 toben hier in der Kölner Bucht heftige Luftangriffe auf Köln, Bonn und Umgebung. Oft gehe ich ins Kino, um mich durch die Wochenschau auf dem Laufenden zu halten. Aktuell sendet man Reportagen über die Rückzugsgefechte um Stalingrad. In einigen Berichten sehe ich meine Staffel fliegen, wie sie wieder im Einsatz ist. Aufgenommen vom Kriegsberichter Fiedler, der mich aus meiner Maschine abgelöst hat. Er schoß mit seiner Kamera dort das Geschehen, derweil ich jetzt hier in Brühl gemütlich im Kino-Sessel sitze. Es ist schon ein tolles Gefühl, so kurz vorher an der Front und nun im warmen Kino in der Heimat meine Kameraden an der Front als Akteure zu sehen.

Die Zeit im Lazarett verläuft derzeit unter den bekannten Bedingungen. Die nächtlichen Luftangriffe sind für die Bevölkerung eine grausame Belastung. Wie lange soll das noch dauern? Ich mache mir meine eigenen Gedanken. Die weiten Gebiete bis zum Ural habe ich überflogen. So kenne ich die Dimensionen gut. Ich frage mich, ist das alles zu verkraften? Nach den neuesten Meldungen sind die Amerikaner in Casablanca gelandet. Die Gegenoffensive rollt. Die Front wird ständig zurückgenommen. Realitäten bestimmen weiter die Entwicklung. Nun ist bekanntlich nicht alles ewig. So endet auch mein Lazarettaufenthalt. Lange hat es gedauert, ich bin wieder gesund.

Jetzt taucht die Frage auf, wohin mit mir? Das nimmt seinen vorgeschriebenen Lauf. Ich gehöre zum „Kampfgeschwader Boelcke KG 27" und werde dadurch zu dessen VI. Gruppe versetzt. Dort angekommen, bin ich überzählig. D. h. ich habe keine Besatzung. Die meine ist an der Front im Einsatz. Man steckt mich als kaufmännischen Angestellten auf die Schreibstube. Durch die Entwicklung an allen Fronten ist die klassische Zeit der Kampfgeschwader (Bombengeschwader) vorbei. An deren Stelle sind die Jagdgeschwader (Jäger) getreten, zur Abwehr der Bombengeschwader der Alliierten. Unter dem Begriff „Reichsverteidigung

Luft" werden die neuen Jagdgeschwader aufgestellt. In Berlin-Gatow entsteht die Hauptzentrale unter General Galland. Auf der Schreibstube will ich nicht bleiben. So melde ich mich auch zur „Reichsverteidigung Luft". In Gatow angekommen, nehme ich an einem Hauptappell Anfang 1944 teil. Zuvor haben unsere Besatzungen im Herbst 1943 ihre He 111 in die Wälder bei Pilsen auf Bohlen „verstaut".

Zur Reichsverteidigung werde ich angenommen und zur Fliegerschule A/B nach Weimar-Döhlau versetzt. Dort angekommen, werde ich erst einmal zur Auffrischung in das Fliegerkurlazarett Berwang in Tirol geschickt. Vier Wochen darf ich da verweilen. Gut erholt komme ich zurück. Da haben die Experten festgestellt, daß ich als Flugzeugführer zu klein bin. Mit Erhöhung der Fußpedale für das Seitensteuer hätte es schon gegangen. Auf der anderen Seite durfte ich ja keine 2 cm größer sein. Ich habe es versucht und bin gescheitert. Das Schicksal will es so. Es hat bis jetzt wahrlich für mich einen sehr guten Verlauf genommen. Das Glück hat mir so oft zur Seite gestanden.

Also geht es wieder zurück, wo ich hergekommen bin, zu meiner IV. Gruppe. Sie liegt derzeit in Gerdauen in Ostpreußen. Hier lerne ich meine Frau kennen und wir heiraten am 19. 8. 1944. Nun bekomme ich wieder einen neuen Job. Ich werde versetzt nach Nürnberg zum Stab des Kommandeurs der Fallschirmjägerschulen, Oberst Aue. Es soll meine letzte Dienststelle sein. Die Fronten rücken in Ost und West näher. Die Luftangriffe auf die großen Städte nehmen an Zahl und Stärke zu. Von Nürnberg werden wir nach Berlin-Tempelhof verlegt. Die Jahreswende 1944/45 rückt näher. Aber auch die Entscheidung. Im Westen wird die Ardennen-Offensive mit ihren Anfangserfolgen gestartet. Im Osten rückt der Russe gegen Ostpreußen und Polen vor. Im Süden ist auch der Gegner im Vormarsch. Meine Frau befindet sich noch mitten in Ostpreußen. Die Geburt unseres Kindes steht im Januar 1945 bevor. Es ist Gefahr für beide im Anzug. Mitte Januar 1945 wird es an der Ostfront dramatisch. Im Süden stößt der Russe nach Warschau vor. Es ist also nur eine Frage der Zeit, wann er Ostpreußen eingekesselt hat. Jetzt entschließe ich mich, meine Frau mit Mutter und Geschwistern herauszuholen. Von Oberst Aue, meinem Chef, bekomme ich 14 Tage Urlaub. Dazu eine Zugehörigkeitsbescheinigung zu seinem Stab. Am 14. 1. 1945 fahre ich über Posen bis Allenstein. Von dort will ich wie immer, weiter nach Gerdauen. Aber auf dieser Strecke fährt kein Zug mehr, wird mir gesagt. Es sind ca. 25 km bis dahin. Also muß ich bis dahin marschieren. 5 km bis zum nächsten Ort habe ich schon geschafft. Am Ortseingang liegt die Eisenbahnstrecke und auch der kleine Bahnhof. Ich denke, geh' mal rein und höre was läuft. Man sagt mir, in einer Stunde kommt wohl kein Zug, aber eine einzelne Lokomotive, die fährt nach Gerdauen. Bis dahin schickt man mich etwas weiter ins Dorf zum Essen. In einem Bauernhof stehen zwei Feldküchen unter Dampf. Voll beladen mit köstlich duftendem Eintopf. Allein sein Duft ist es wert, in meinen Erinnerungen erwähnt zu werden. Der Koch wird gedacht haben, das kann das letzte Gericht sein, hau alles rein. Ich esse mich voll und satt. Pünktlich stehe ich auf dem Mini-Bahnhof. Die Lok kommt und hält an. Ich steige ein und ab geht es nach Gerdauen. Sie hält irgendwo auf dem Güterbahnhofsgelände. Zur Stadt marschiere ich los. An der Gaststätte „Kordak" komme ich vorbei. Meine Gedanken schweifen zurück ins vergangene Jahr. Es ist ein gemütliches Café, in welchem die ersten zarten Verbindungen mit Vera hergestellt wurden. Nach einer kleinen Rechtskurve komme ich zum Marktplatz, unweit unserer kleinen Wohnung. Plötzlich sehe ich Vera, sie kommt gerade von ihrer ehemaligen Firma Kahl. Zunächst ein Schreck auf beiden Seiten. Wir liegen uns in den Armen.

Dem Chaos entronnen

„Was ist los, Ewald", sind Ihre ersten Worte. „Da fragst Du noch", antworte ich. Ich halte mich nicht bei einer langen Vorrede auf. Kurz schildere ich Ihr die Situation. Bei mir ist höchste Alarmstufe. Wie es mit der Geburt steht, frage ich. Kannst Du die Flucht mit mir wagen? Die meisten Gerdauer befinden sich schon auf der Flucht. Wir gehen in unsere Wohnung. Ich sehe sie zum ersten Mal. Meine Gefühle kann ich nicht beschreiben. Gerade erst von Vera eingerichtet, müssen wir sie verlassen. Die berühmten sieben Sachen packen wir zusammen. Einen Blick werfen wir nochmals in das Zimmer. Nun gehen wir zur Mutter und den Geschwistern. Wir sind uns alle einig, daß wir uns noch heute auf die Flucht machen müssen. Heute, mit dem letzten Zug fahren wir ab in Richtung Königsberg. In aller Ruhe packen wir das Nötigste zusammen. Der Zug nach Königsberg fährt um 22.00 Uhr vom Bahnhof. Um 21.15 Uhr wollen wir rechtzeitig zum Bahnhof gehen. Wie muß es auch in den Herzen meiner Eltern 1918 ausgesehen haben, als sie mit mir und Friedel aus Lothringen ausgewiesen wurden. Die Abschiedsstunde ist gekommen. Wir treten mit dem Gepäck aus dem Haus und begeben uns auf den Weg zum Bahnhof. Es ist ein harter Winter und die Straßen sind glatt und verschneit. Nach 200 Metern, an der Schule, ist die Straße abschüssig. Ich will Vera noch sichern, zu spät. Sie rutscht aus und schlägt mit dem Hinterkopf auf. Mir verdrehen sich die Sinne. Bis jetzt ist doch alles gut gelaufen, warum das? Es kann für uns alle das Aus bedeuten. Sofort gehen wir zurück ins Haus. Vera wird zur Ruhe gelegt und beobachtet. Nach einiger Zeit stellen wir fest, daß sie keine Schäden behalten hat. Können wir es heute abend noch einmal wagen? Ja, wir wagen es, wir müssen es wagen. Um 21.15 Uhr gehen wir wieder zum Bahnhof. Jetzt mit der nötigen Vorsicht. Gegen 21.45 Uhr kommen wir an. Die Lichter auf dem Bahnhof erhellen fahl die Nebelschicht, die über dem Land liegt. Da, ein leichtes Brummen in der Luft. Fliegt doch da noch eine Maschine und sucht ihren Heimathafen. Meine Hochachtung für diesen Piloten. Der Bahnsteig ist voller Menschen. Man munkelt, das soll der letzte Zug sein, der nach Königsberg fährt. Wir stehen im naßkalten Abend. Der Zug rollt pünktlich ein. Er besteht aus sechs Wagen, die alle voll von Menschen sind. Wir stellen uns an die erste Tür vom ersten Wagen hinter der Lokomotive mit Gepäckwagen. Die Schaffnerin hat es sehr eilig und ruft fertigmachen zur Weiterfahrt. Ich gehe schnell an den Wagen vorbei, mache Türen auf, finde aber keine lichte Stelle. Gehe schnell zu Vera zurück. Auch die Schaffnerin steht da. Nun muß ich handeln. Weiß ich doch, wie entscheidet diese Fahrt für die Zukunft von uns allen ist. Jetzt nimmt sie die Trillerpfeife und pfeift zur Abfahrt, zurücktreten usw. Vera steht neben mir. Dahinter Mutter und Geschwister. Blitzschnell greife ich die Schaffnerin an ihrer Uniform und kralle mich fest. Mit meiner Rechten ziehe ich sie zu mir und mit aller Kraft stoße ich sie einige Meter weg. Mit meiner linken Hand reiße ich die erste Tür auf und Vera steigt ein, ich dahinter. Eine Milchkanne und ein Kissen ist alles, was wir beide mitnehmen. Inzwischen hat man Vera schon einen Platz angeboten. Es war noch Platz da. Der Zug rollt. Von der Schaffnerin habe ich nichts mehr gesehen, aber auch nichts mehr von Mutter und den Geschwistern. Fast alle kamen nicht mit, wie Mutter später bestätigte. Es war tatsächlich der letzte Zug nach Königsberg. Sie machten sich anschließend auf den langen Marsch über das Haff.

Wir rollen weiter nach Königsberg. Jetzt erst taue ich auf. So groß wie die Verantwortung und Spannung auch war, ich habe die Ruhe bewahrt und richtig gehandelt. Das soeben Erlebte werde ich nie vergessen können. Wir standen am Scheideweg.

In Königsberg angekommen suche ich sofort den Anschlußzug nach Danzig und finde ihn. Es ist ein echter Flüchtlingszug. Die aus dem Hinterland haben die Gepäckständer gerammelt voll mit allen möglichen Sachen. Es riecht nach Mehl, Zucker, Wurst und Speck. Die Schinken kann man an den Konturen erkennen. Bis nach Danzig brauchen wir ganze zwei Tage. Der Russe drückt ja schon auf die Eisenbahnlinie. Über Gdingen, Stolp fahren wir weiter nach Westen. Aber jetzt taucht die Frage auf, können wir es wagen noch weiterzufahren? Die Geburt ist schon eine Woche über der Zeit. Hinter Stolp stößt zu allem Unglück auch noch unser Zug mit einem anderen zusammen. Ein Zuckersack fällt uns von oben in den Nacken, ohne Schaden anzurichten. Gewiß, wir sind schon bis Labes, mitten in Pommern gekommen. Ob das reicht, für eine kleine Sicherheit gegenüber dem Vormarsch der Russen? Aber auch in Bezug auf die bevorstehende Geburt unseres Kindes. Was sollen wir machen? Die Entscheidung darüber müssen wir selber treffen. Wir können es nicht wagen noch weiter zu fahren. Darum steigen wir am 27. 1. 1945 in Labes aus dem Zug. Wir überlassen es dem Schicksal, was nun aus uns wird. Auf dem Bahnhof nehmen wir Tuchfühlung mit der Örtlichkeit. Zur Übernachtung werden wir in ein gutes Haus eingewiesen. Auch hier sind schon Vorbereitungen für die Flucht getroffen. „Ihr könnt von allem nehmen. Wir sind schon halbwegs auf der Flucht", sagt man uns. Hier in Labes ist kein Krankenhaus, aber nicht weit von hier in Regenwalde. Also fahren wir weiter dahin. Am 28. 1. 1945 liefere ich Vera in das Kreiskrankenhaus in Regenwalde ein. Nun kann schon die Geburt kommen, dafür ist also gesorgt. Für mich wird es nun eng. Mein Urlaubsschein gilt nur bis zum 30. 1. 1945. Ich warte noch einen Tag und fahre am 29. 1. 1945 zu meiner Einheit nach Berlin. Es ist sehr hart, Vera in ihrer Situation alleine zu lassen. Wie wird es mit der Geburt werden? Nein, denken darf ich nicht. Meine Dienstanschrift hinterlasse ich ihr. Schon am 6. 2. 1945 erhalte ich eine Karte von ihr, daß unsere Tochter am 2. 2. 1945 geboren ist.

Hier folgt nun die Schilderung meiner Frau, was sie erlebt hat, als sie alleine war: Um 2.00 Uhr ist Karin geboren. Sofort nach der Geburt werde ich von den Schwestern gedrängt, meine Beine zu bewegen. Der Russe soll schon vor der Tür stehen. Nicht mehr lange kann man das Krankenhaus aufhalten. Gegen 8.00 Uhr bekomme ich das Kind mit dem Hinweis, gehen sie in den Ort, dort ist eine Sammelstelle. Ich gehe mit Tränen in den Augen zum Ausgang durch den Flur. Soldaten sitzen und liegen an den Seiten. Ein Soldat muß wohl bemerkt haben, daß das Kind ohne Decke nach draußen in die Kälte getragen wird. Mit schwacher Stimme ruft er: „Nehmen sie bitte meine Decke für das Kind, ich brauche sie bald nicht mehr." Ich spüre eine Erleichterung mit der Decke. Wir gehen jetzt weiter zu der Sammelstelle im Ort. Es ist ein Saal mit Stroh auf dem Boden. Hilflos stehe ich da. Ich habe ja nichts für das Kind. Weder Essen, noch Windeln usw. Ich weine vor mich hin. Eine ältere Dame kommt auf mich zu. Ohne viel Worte sagt sie nur: „Kommen sie mit mir, ich habe Platz und alles was sie brauchen, auch für das Kind. Ich helfe ihnen." Hier werden wir von ihr wie ihr eigenes Kind versorgt. Mit dieser Hilfe kann ich den heutigen Tag und auch die folgenden überstehen.

So manches hat sich für mich zum Guten entwickelt. Meine Anschrift habe ich nach Gdingen zu meiner Tante geschrieben. Dort sollen alle Anschriften von der

Verwandtschaft gesammelt und abgerufen werden. Nachdem sich Mutter und Geschwister über das vereiste Haff durchgeschlagen haben, sprechen sie in Gdingen vor. Dort finden sie die Anschrift von mir, in Regenwalde bei Frau Schulz. Noch war es möglich, sich bis Regenwalde an der Küste durchzuschlagen. So stehen sie plötzlich vor meiner Tür. Die Freude kann man sich vorstellen. Nun kann Karin mit allem besser versorgt werden und ich mich etwas erholen. Die Ruhe ist nur von kurzer Dauer. „Sie müssen weiter", sprechen die Soldaten mich und Mutter an. „Ihr müßt hier weg, wir nehmen euch mit nach Schwerin." Gesagt, getan. Hier wohnen weitläufige Verwandte, die werden uns aufnehmen. Diese Entwicklung hat Vera mit Brief nach Brühl mitgeteilt.

Wir schreiben schon März 1945. Meine Abfahrt von Regenwalde am 29.1.1945 nach Berlin zu meiner Einheit, gestaltet sich als Hindernislauf. Nur meiner Zugehörigkeits-Bescheinigung zum Stab des Kommandeur der Fallschirmjägerschulen, Oberst Aue, habe ich es zu verdanken, nicht von den Feldjägern kassiert zu werden.

Zunächst fahre ich an der Küste entlang über Stettin. Ich fahre durch eine kahle, verschneite Winterlandschaft. Da geht es durch meinen Kopf, woher bekommt Vera das Essen und die Wärme, die sie für sich und das Kind nötig hat. Solche Gedanken habe ich im Kopf und lassen mich nicht los. Ich erreiche den Bahnhof Stettin.Sofort orientiere ich mich und suche eine Verbindung nach Brühl. Um 16.10 Uhr fährt ein Zug von Bahnsteig 4 ab. Zwei Stunden habe ich Aufenthalt. Ich haue mich auf eine Bank und denke wie so oft über unser Schicksal nach. Da tönt es aus dem Lautsprecher: „Alle Soldaten melden sich auf Bahnsteig 1." Ewald, was machst du jetzt? Ich mache luki, luki, wie immer, ist meine Antwort. Also ab zum Bahnsteig 1. Ich gehe die Treppe hoch und bin der Erste. Dahinter sehe ich die Herren mit dem Schild auf der Brust stehen. Ich gehe an ihnen vorbei und grüße stramm. 20 m hinter ihnen bleibe ich stehen. Sie schauen den ihnen entgegenkommenden Soldaten zu. Nach hinten sind sie blind. Als ich so hinter ihnen stehe, läuft auf Bahnsteig 1 ein Zug ein. Die Lokomotive bleibt genau auf meiner Höhe stehen. Nach wie vor schauen die Offiziere zur Treppe, wo ihre Soldaten hochkommen. Ich habe sie im Auge. Schwubb, überquere ich die Gleise 1, 2, 3 und auf Gleis 4 steht schon der Zug nach Berlin. In den Gepäckwagen strömen schon die Flüchtlinge. Denen schließe ich mich an, und verstaue mich in die hinterste Ecke. Noch eine Stunde muß ich warten, dann rollt der Zug nach Berlin.

Pommern ist inzwischen schon überrollt. Der Russe stößt bis Berlin vor. Das Schicksal nimmt seinen Lauf. Meine Dienststelle setzt sich langsam aber sicher von Berlin-Tempelhof „planmäßig" in Richtung Stadtrand Nord-West ab. In einer Kaserne werden wir untergebracht. Es wird immer enger und unruhiger. Unsere nächste Absetzbewegung steht schon auf dem Plan. Diesmal geht es in Richtung Wittstock, Lübeck. Wir beladen die LKW mit allen guten Sachen zum essen und trinken. Die LKW's werden mit Holzgas angetrieben. Zu trinken gibt es feinen Aprikosen-Likör. Damit können wir die Gegenwart und Zukunft besser bewältigen. Ausgerechnet am 20. 4. 1945, Hitlers Geburtstag, ziehen wir weiter in Richtung Nord-West. Zur Orientierung reiße ich von einer Landkarte an einer Wand den Teil ab, der die Richtung Wittstock, Schwerin, Lübeck abdeckt. Die Holzgasgeneratoren werden unter Dampf gesetzt. Dann heißt es, Kolonne marsch. Wir sind noch nicht lange gefahren, da werden wir schon gestoppt. „Kehrt um, da oben steht doch schon der Russe", sagt man uns. Wir sind also zu nördlich gefahren. Man hat ja keinen Lagebericht, und wenn, dann ist er stündlich überholt. Jetzt nehme ich meine „Generalstabskarte" zur Hand. Mit einem Blick habe ich die Geographie und unsere Richtung erkannt. Mir also nach und ich gebe die Richtung an: Kritisch ist es ja nur um Berlin.

Die Straße nach Wittstock haben wir erreicht. Wir rollen und finden Quartier auf dem dortigen Fliegerhorst. Von der Deutschen Luftwaffe sehe ich hier den Rest. Tag- und Nachtjäger starten von hier ihre Einsätze. Es sind meist junge Piloten. Ich schaue sie mir genau an, doch sie haben noch ihren Stolz in den Augen. Vor ihrem Mut und Einsatzwillen habe ich große Achtung. Aber auch hier können wir nicht lange bleiben. Am Tag mache ich meine Erkundungen. Dann gehe ich zu der Fernstraße Berlin—Lübeck. Sie verläuft an unserem Fliegerhorst vorbei. Hier rollt der Rückzug in Richtung Nord-West. Autos und Marschkolonnen ziehen an mir vorbei. Die Marschkolonnen bestehen zum größten Teil aus KZ-Häftlingen. Ich bekomme sie zum erstenmal zu Gesicht.

Der Amerikaner hat Flugzettel abgeworfen, worin er darauf hinweist, die Häftlinge menschlich zu behandeln. Das Flugblatt habe ich kaum gelesen, da kommt eine kleine Kolonne von ca. 16 Häftlingen. Im Marschschritt und singen das Lied: „In der Heimat, in der Heimat, da gibt's ein Wiedersehn." Ich kann die Gefühle nicht beschreiben, die ich bei diesem Anblick empfinde. Ich sah diese Entwicklung kommen, und mit mir viele, viele Deutsche. Ich soll wohl vieles real erleben, in dieser schrecklichen Zeit. Mußte ich denn ausgerechnet hier stehen, um dieses Bild zu sehen? Aufrecht und ungebrochen marschieren diese Häftlinge in die Freiheit. Da taucht auf einmal meine Vergangenheit auf. Ich denke zwölf Jahre zurück. Da marschierten in Brühl die Pimpfe durch die Uhlstraße, mit dem Lied auf den Lippen: „Wir werden weiter marschieren, wenn alles in Scherben fällt, usw." So ein Unsinn. Was hat sich denn der Verfasser bei diesem Lied gedacht? Ich gehe in Gedanken versunken zurück zum Fliegerhorst. Einen

Kilometer bin ich gegangen, da stutze ich. Im Straßengraben an der Landstraße sehe ich einen toten Häftling liegen. Unter diesen Eindrücken male ich mir die Zukunft nach der Niederlage aus. Für mich steht fest, das kann nicht der Sinn der menschlichen Gesellschaftsordnung sein, was hier alles passiert. Da muß etwas nicht stimmen. In meinen jungen Jahren kann ich die Antwort darauf nicht geben.

Unser Dienst hier besteht darin, wachsam zu sein, damit wir den Anschluß an die Absetzbewegung nicht verlieren. Auch durch den Fliegerhorst streifen wir. Die Verpflegungszentrale hat es uns angetan. Da ist Essen, Getränke aller Art, Rauchwaren aller Sorten und in rauhen Mengen. In Gedanken sehe ich schon, wie der Gegner alles vereinnahmt. Ich stehe da und schaue nur zu. Auf einmal steht der Verwalter vor uns. Mit seiner Pistole fuchtelt er in der Luft herum. Meuterei und Zerfallserscheinung sei das, hier einzudringen. Dabei ist das Lager schon offen, damit man sich bedienen kann. Er wird wohl an die Zeit denken, wo er nichts mehr zu verwalten hat. Seine Pistole richtet sich ausgerechnet auf mich. Die anderen haben sich inzwischen alle aus dem Staub gemacht. Nun weiß man ja nie, was in so einem Kopf vorgeht. Drückt er ab oder nicht? Ich spiele ihm jedenfalls eine Szene vor, reumütiger geht es nicht mehr. Das zeigt bei ihm Wirkung und ich darf die Halle verlassen.

Auch hier sind unsere Tage gezählt. Über Schwerin nähern wir uns Lübeck. Wir schreiben den 29. 4. 1945. Vor dem Drave-Kanal macht der Stab halt. Für eine Nacht wird eine Unterkunft gesucht und gefunden. Unsere Stimmung sinkt immer tiefer. Pläne, sich nach Dänemark durchzuschlagen, werden diskutiert. Plötzlich wird es ernst, es geht zur Sache. Man kann aber auch sagen, der Tag X ist gekommen. Wie soll es nun weitergehen? Für den nächsten Tag haben sich Gruppen gebildet, die eine Gefangenschaft zu verzögern suchen. Ich gehöre zu einer Gruppe von sechs Offizieren. Nachdem wir am 30. 4. 1945 gut gefrühstückt haben, marschieren wir los. Wir gehen über die Drave-Brücke. Kaum sind wir drüben, ruft man uns zu: „Seid ihr wahnsinnig, da oben 400 Meter von hier steht doch der Engländer." Da schauen wir uns dumm an. Also schlagen wir uns rechts in eine Waldung rein. Ein Holzweg verläuft genau in die Richtung, die wir in Richtung Schleswig Holstein für gut befinden. Wir können so den Punkt umgehen, wo der Engländer steht. So 300 Meter haben wir auf dem Weg schon zurückgelegt, da geraten wir unter Beschuß. Da fliegen uns die Zwei-Zentimeter-Geschosse regelrecht um die Ohren. Da ist auch wieder Leuchtspurmunition dabei, denke ich, die glühen wie Feuerbälle. Wir haben uns sofort hingehauen. Langsam erheben wir uns wieder und stellen fest, keiner ist verwundet oder tot. In letzter Stunde dieses Krieges werde ich noch einmal vom Schicksal gefordert.

Wahrlich, ein würdiger Abschluß in meinem bleihaltigen Leben. Die anderen laufen weiter. Ich denke, da oben steht der Engländer. Nach Dänemark ist fraglich durchzukommen. Ewald, spreche ich jetzt zu mir, es hat keinen Sinn mehr weiter zu laufen. Ich schaue mich um. In fünfzig Metern Entfernung sehe ich einen Bombentrichter. Ich robbe hin und springe hinein. Zunächst bin ich vom Erdboden verschwunden. Der Schock des Feuerüberfalls steckt mir noch in den Gliedern. Die können mich da oben nicht mehr einsehen und beschießen. Nachdem ich nach geraumer Zeit in dem Loch heimisch geworden bin, steht für mich fest, in diesem Krater beendest du diesen Krieg. Es ist so gegen 17.00 Uhr am 30. 4. 1945. Also hier bleibst du drin und wartest bis der Morgen kommt, der 1. Mai 1945. Eine würdigere Situation und Kulisse, geschwängert mit Pulver und Dampf vom Engländer und mit dem würdigen Datum 1. Mai 1945, kann ich mir für meinen Abgang von der Bühne dieses Welttheaters nicht vorstellen. Derweil ich so sinne und mich etwas eingestanden bzw. -gesessen habe, höre ich Schritte. Sie kommen näher. Ich linse über den Kraterrand. Kommt doch da ein Oberleutnant der Luftwaffe auf mein Loch zu, legt sich auf den Bauch und schaut in den Krater. Ich schaue hoch. Ach, ist das ein Bild. An seinem Hals baumelt das Ritterkreuz. Eine tolle Situation. Dann spricht er zu mir: „Komm mit, wir schlagen uns nach Dänemark durch." „Herr Oberleutnant, das hat doch keinen Sinn mehr", antworte ich. Er brummelt etwas in seinen Bart, wie „auch ein Verräter" und verschwindet im Gehölz.

Internierung, nicht Gefangenschaft

In der Nacht ist auf der Straße starker Panzerverkehr. Das höre ich an dem Rasseln der Panzerketten. Wegen dem denkwürdigen Tag der bevorstehenden Gefangenschaft, aber auch wegen der schlechten Schlafstelle, habe ich kein Auge zugetan. Es ist alles so aufregend. Der Morgen graut, die linden Mailüfte sind erwacht. Es wird ein sonniger Tag. Nun muß ich handeln. Es ist acht Uhr. Ich krieche aus meinem Loch, recke und strecke mich und schüttele meine steifen Glieder. Es ist ja kein gemachtes Bett gewesen, in dem ich die Nacht verbracht habe. Zunächst gehe ich an der Stelle vorbei, wo mir gestern die Salven um die Ohren flogen. Wie muß ich mich jetzt verhalten, um meine Gefangenschaft gefahrlos einzuleiten? Dann komme ich auf die Straße. Da oben, vierhundert meter weiter, stehen die Engländer. Dahin marschiere ich im ruhigen Schritt. Immer näher komme ich zu der Stelle, wo der Wechsel vom Soldat zum Gefangenen stattfindet. Es sind noch hundert Meter. Da stehen sie, ihre MP im Anschlag. Jetzt erhebe ich meine Hände und zeige an, daß ich gefangen werden will. Noch einige Meter, dann haben sie mich. Soweit ist alles planmäßig verlaufen. Nun wird es aber unnormal. Zuerst werden mir die Waffen und Papiere abgenommen. Dann muß ich meinen Trauring und meinen wertvollen Chronometer abgeben. Weg sind die guten Stücke. Hätte ich sie doch in die gute Butter eingeknetet. Ach, was soll es. Das Wichtigste habe ich doch bis hier gerettet, meine heilen Knochen. Ich und gerettet? Da ist doch noch jemand, dem ich das zu verdanken habe. Ich habe alles aufgelistet, er hat seine Hand über mich gehalten.

Jetzt liegt der Krieg hinter mir, was für ein Gefühl. Ein innerer Friede erfüllt mich. Auf der Autobahn marschiere ich in Richtung Hamburg. Fünf Kilometer weit zur nächsten Sammelstelle. Es wächst der Wille, die Zukunft und das Leben zu meistern. Möge den kommenden Generation das erspart bleiben. Viele Soldaten marschieren mit mir in gleicher Richtung zur Sammelstelle. Wir erreichen den Sammelplatz. Er liegt hinter einer Raststätte der Autobahn, auf einer sehr großen Wiese. Am anderen Ende steht ein Bauernhof. Die Weide ist durchzogen von breiten und tiefen Entwässerungsgräben. Das Wetter ist schön und die Gräben sind trocken. In diesen Mulden haben sich die Soldaten eine Schlafstelle eingerichtet. Ein Mantel oder eine Plane deckt die Schlafstelle ab. Sie leben nicht gut, aber frei. Als jedoch etwas Regen fällt, ist die Idylle zu Ende. Die vielen Füße machen den Boden zu einem Brei. Auch hier entwickele ich meine Fähigkeit, aus einer Sache das Beste für mich zu machen. Ich halte mich in der Nähe der Gaststätte auf. Hier gibt es manch Neues zu sehen und zu hören. So eine Gerüchte-Küche. Ich beobachte die Bewachung, wie stark sie ist und woran ich sie erkennen kann. Das ist nun einmal meine Art. Die hier halten mich gefangen, ich aber will und muß nach Hause. Auf einmal kommt Leben in den Haufen. Französische Offiziere erklären durch Lautsprecher, alle Lothringer möchten sich melden zwecks Entlassung. In Lothringen bin ich geboren. Gehöre ich nun dazu oder nicht? Bei mir dauert die Klärung nicht lange. Ich gehöre nicht dazu. Also weiter hinter Stacheldraht mit mir. Ja, dieser Stacheldraht ist wichtig und muß beobachtet werden. Man darf ihn nicht überschreiten. Da muß doch einer in der Nacht den Draht nicht beachtet haben oder wollte fliehen? An der Stelle, wo ich mich tagsüber aufhielt, ist heute Morgen ein frischer Grabhügel mit einem Kreuz. Ich habe nichts gehört. Man sagt, er wollte fliehen.

Das Provisorium hier dauert nicht lange. Wir werden auf LKW's verladen und zur Internierung nach Schleswig gefahren. Ich komme ins Ostseebad Dahme. Es ist nun schon Mitte Mai 1945, ein Frühling im Frieden. Wie habe ich mich danach gesehnt. Wie lange wird diese Internierung dauern? Wann komme ich nach Hause? Untergebracht bin ich in einem Hotel. Das hat mehrere Vorteile.

Von meinem Zimmer aus, bin ich mit dem Tanzsaal durch eine Tür verbunden. Nach einem Tanzabend für Internierte und Bevölkerung, den gibt es hier wieder, suche ich den Saalboden nach Zigarettenkippen ab. Aus diesen drehe ich mit Zigarettenpapier so 15-20 Zigaretten. Diese tausche ich ausschließlich in den hiesigen Geschäften gegen Lebensmittel ein. Das Geschäft floriert.

Am Strand habe ich oft den Grundschnuranglern zugeschaut. Das ist doch auch etwas für mich, denke ich. Mit den Fischen kann ich doch gut meine Verpflegung bereichern. Durch die Zigaretten bekomme ich die Ausrüstung, Schnur und Haken. Dann zimmern wir Internierte ein Floß zusammen. Damit wird die Grundschnur auf den Boden ausgelegt. Bei unserer Generalprobe sind wir um ein Haar damit auf's offene Meer abgetrieben. Mit letzter Kraft können wir uns noch aus dem Abdrift-Sog befreien und den Strand wieder erreichen. Nun buddeln wir nach Sandwürmern, die ziehen wir auf die Haken auf. Die Schnur wird am Anfang mit einem Stein auf dem Boden beschwert, am Ende mit einem Korken auf der Wasseroberfläche gekennzeichnet. Über Nacht sollen die leckeren Sachen anbeißen. Beim ersten Fang waren es nur zwei Flundern. Aber schon beim zweiten Fang sind es sieben Flundern und zwei Aale. Das macht Spaß und stillt den Hunger. Mein Erfolg hat sich bald rumgesprochen. Das deutsche Offizierskasino bittet mich, ob ich nicht für sie fischen würde. Dafür verspricht man mir auch bessere Zeiten. Ich lehne ab. Es tut sich immer etwas und ich habe alle Hände voll zu tun.

Aber ein Gedanke beschäftigt mich immer mehr. Was ist mit meiner Familie? Ich lebe ja nicht mehr alleine. So dreht sich alles um die Entlassung. Erst dann kann ich in Aktion treten. Wir hier in diesem Raum werden alle nach Eutin geschafft. Nach einem bestimmten Modus erfolgt die Entlassung. So auch die Bergleute. Also gehöre ich zu den Bergleuten im Rheinischen Braunkohlenrevier. Damit klappt es. Tage vorher räume ich mein inzwischen angehäuftes Arsenal aus. Ich kann ja unmöglich zur Entlassung alles mitschleppen. Zum Metzger gehe ich zuerst, bei ihm bekomme ich Dauerwurst und Schinken. Beim Bäcker tausche ich auch einiges gegen Backwaren ein. Den Bestand an Zigaretten behalte ich noch, denn das ist leicht bewegliches Kapital.

So ziehe ich nach Eutin zur Entlassung. Gut habe ich mich vorbereitet und bin voller Wünsche und Hoffnung. Hier bekommen Millionen Landser ihren Entlassungsschein. Für mich ist das ein feierlicher Akt. Entsprechend ist hier auch der Tumult. Es wird gesucht und gesiebt nach Sündenböcken. Nach einiger Zeit bekomme ich den Entlassungsschein.

Danach läuft alles reibungslos ab. Wir werden auf LKW's verladen. Die Fahrt in

Internierung, nicht Gefangenschaft   Epoche: 1918 – 1948

die Heimat verläuft über Munsterlager, durch das Ruhrgebiet, durch Köln nach Bonn. Im Hofgarten vor der Universität vollzieht sich der letzte Akt. Vorerst wird nochmals die Zugehörigkeit zu Einheiten gefragt, die auf der schwarzen Liste stehen.

Dann strebt alles auseinander. Mit vier Mann aus Brühl gehen wir zum Bahnhof. Tief in Gedanken versunken und froh gestimmt fahren wir nach Brühl. Zu Hause angekommen, ist die Freude groß. Bin ich doch der Erste von vieren der heimkehrt. Alle sind an der Front gewesen. Werden meine drei Brüder auch heil zurückkommen?

Für mich nimmt hier das Leben wieder seinen Anfang. So habe ich mir in den Kopf gesetzt, daß ich mich in erster Linie für die Ernährung einsetze. Alles andere ist zweitrangig. Vor und hinter unserem Haus haben wir Grundstücke. Die sind noch nicht bebaut. Sofort mache ich die urbar. Das ist wohl ein hartes Stück Arbeit. Im Geist bin ich schon davon am ernten. An eine Arbeitsstelle kann ich noch nicht denken. Am 5. 8. 1945 bin ich zurückgekommen. Da stehen noch viele Räder still. Zuerst muß ich meine Familie zusammenführen. Auf dem schwarzen Markt betätige ich mich. Hier wird mit allem gefeilscht und gehandelt. So auch mit dem Zuckerrüben-Schnaps dem „Knolle Brandy". Es wird getauscht mit allem, was der eine für den anderen hat. Das Geld hat seine Funktion verloren. Auf eine neue Währung warten wir noch.

Jetzt spezialisiere ich mich auf meinen erlernten Beruf als Lederhändler. Die Bauern haben noch Kühe, Ochsen und Rinder in den Ställen. Sie schlachten sie mit und auch ohne Genehmigung. Was aber machen sie jetzt mit den Fellen der Tiere und wohin damit? Hier trete ich als Vermittler und „Geheimagent" auf. Zwischen den Bauern und den Lederfabriken tausche ich die Felle gegen Leder ein. Ich schleppe die schweren Felle gebündelt im Sack zur Lederfabrik. Als Transportmittel fungiert mein Fahrrad. Hin kann ich das Rad wegen des enormen Gewichtes nur schieben. Die Kilometer spielen dabei keine so bedeutende Rolle. Für das Fell bekomme ich einen Coupon Leder. Der hat besonders jetzt in dieser Zeit einen sehr hohen materiellen Wert. Diesen Coupon teilen wir uns, die Hälfte bekommt der Bauer. Als Anerkennung bekomme ich von ihm Lebensmittel, wie Butter, Eier, Speck usw. dazu. Das Leder von diesem Coupon dient als besonders wertvolles Tauschmittel. Das „Geschäft" läuft gut. Hunger leidet meine Familie nicht, wenn ich sie hier habe.

Mittlerweile schreiben wir schon Mitte September 1945. Ich schicke mich an, die Zusammenführung meiner Familie in die Wege zu leiten.

Die Flucht in den Westen 1945

Mit selbstgebranntem Schnaps und vielen Zigaretten bewaffnet, mache ich mich auf den Weg, ein Abenteuer zu erleben. Das Ziel ist Schwerin.

Um nach dort zu kommen, muß ich durch den „Eisernen Vorhang". Das ist ein neues Gebilde und ein neuer Begriff. Der Engländer hatte Schwerin besetzt. Durch Tausch mit den Russen ist ganz Mecklenburg an die Russen gefallen. So ist eine streng bewachte Grenze entstanden, die ich mit meiner Familie überwinden muß. Ratzeburg ist Schwerin am nächsten. Also fahre ich dort hin. In Ratzeburg verweile ich einige Tage und orientiere mich. Im Bürgermeisteramt studiere ich die dort aushängende Landkarte mit einem günstigen Maßstab. In den Geschäften tausche ich Tabak gegen Lebensmittel ein. Das sind Vorbereitungen für einen Marsch, aber auch Mitbringsel für meine Familie. Obwohl ich nicht weiß, wie ich sie antreffe. So 50 Kilometer muß ich laufen. Laufen nur bei Nacht. Noch einige Tage, dann steht der Mond so richtig für mich. Mit aufgelokkerter Bewölkung und der Vollmond leuchtet halbmatt das Gelände aus, werde ich mein Ziel erreichen. Das Gefühl habe ich in mir. Dazu nehme ich noch meinen Himmelskompaß, den Nordstern. Wenn ich den ständig links an meiner Seite habe, laufe ich genau nach Osten, nach Schwerin. Die Marschrichtung verläuft über Gardelegen. Ab da kann ich bis Schwerin mit der Bahn fahren. Zunächst fahren wir, daß bin ich und andere, die auch nach drüben wollen, mit einem Pferdegespann bis an den Grenzort. Dort erkundige ich am Tage die genaue Grenzsituation. Dann suche ich die Stelle aus, die als Grenzübertritt in Frage kommt. Geklärt habe ich auch inzwischen bei den Einheimischen, wo die russischen- und englischen Grenzposten stehen. Also, heute Abend geht es rüber. Ich warte die Dunkelheit ab. Alles habe ich durchdacht, dennoch muß mir das Glück zur Seite stehen. Der Himmel ist sternenklar. Eine Temperatur von ca. 13 Grad. Was für ein Glück. Auf dem Marsch sind Orte, Kreuzungen und Straßen meine Kontrollpunkte. Zunächst werde ich bis Gardelegen laufen. Dann wird es auch schon etwas heller sein und ich bin genügend im Hinterland und in Sicherheit. Dort steige ich dann in die Bahn nach Schwerin.

Stacheldraht ist kein Hindernis

Gegen 21.00 Uhr starte ich. Die Grenzübergangsstelle ist mir bekannt. Ich gehe darauf zu, krieche durch den Stacheldraht und bewege mich sehr vorsichtig in das Hinterland. Es ist für mich gut begehbar. In den kleinen Dörfern bin ich besonders vorsichtig. Nach einigen Stunden wird es langsam heller. Gegen 10.00 Uhr habe ich den Bahnhof Gardelegen erreicht. Einen pünktlichen Anschluß habe ich sogar nach Schwerin. Daß ich mich so unauffällig bewege, entspricht meiner Vorsicht. Ohne Schwierigkeiten komme ich in Schwerin an. Sofort gehe ich auf die Suche nach der Familie Mehring. Ich finde das Haus und klopfe an. Vera steht vor mir und fällt mir in die Arme. Mein Ziel habe ich erreicht, es ist für mich ein bewegender Augenblick. Nun kann ich die Last des Lebens tragen helfen. Zum ersten mal darf ich meine Tochter Karin in die Arme nehmen. Dankbar schaue ich Vera an, daß sie unser Kind durch all die Schwierigkeiten geführt hat. Jetzt muß ich meinen Mann stehen, um sie durch die Posten und den Stacheldraht heil in die Heimat zu führen. Wir setzen uns in eine Ecke und atmen einmal tief durch. Mutter und Schwester setzen sich dazu.

Dann fängt Vera langsam an zu erzählen: „Geschrieben habe ich ja kurz mit der Karte, daß wir hier heil untergekommen sind. Aber was liegt zwischen Regenwalde, Frau Schulz und Schwerin? Das will ich Dir schildern. Die Soldaten haben uns im offenen LKW bis Pasewalk zum dortigen Bahnhof mitgenommen. Der Bahnhof ist von Flüchtlingen überflutet. In den Zug nach Schwerin kommen wir hier auch nur mit der Hilfe eines Schaffners. Karin schreit und schreit. Sie bekommt ja keine richtige Ernährung. Oft wird sie von Krämpfen geschüttelt. Dann fahren wir in Richtung Schwerin weiter. Diese Fahrt wird zu einem Drama. Ohne jegliche Versorgung für das Kind stehe ich da. Ein Trost, der Zug rollt weiter in Richtung Schwerin, einer wohl besseren Versorgung entgegen. Doch sie schreit fürchterlich. Ich muß mit anschauen, wie tote Kinder aus dem Fenster gereicht werden. Was kann ein Mensch ertragen, frage ich mich? Weil Karin so schreit, wird der Zug in der Nähe von Wohnhäusern angehalten. Wasser wird besorgt und dem Kind unabgekocht eingeflößt. Nun ist sie still und der Zug fährt weiter. Wir kommen in Schwerin an. Zuerst danke ich meinem Herrgott, daß ich sie bis hier habe bringen können. Jetzt habe ich etwas Hoffnung für Karin. Mit offenen Armen werden wir hier sofort aufgenommen. Alle rücken zusammen. Von März an wohnen wir schon hier.

Auch die Besatzungssoldaten haben uns gut behandelt. Sie haben gemerkt, daß Vera mit dem Kind in Not ist. Einmal klopfte es an unser Fenster. Alles läuft durcheinander. Ein russischer Soldat steht draußen, er will für das Baby Milch und Nahrung bringen, sagt Frau Mehring. „Hier blonde Frau mit Baby", spricht er und zeigt die Milch und ein Päckchen. Mit besonderem Dank haben wir die Nahrungsmittel von dem Soldaten angenommen. Auch in der nachfolgenden Zeit bringt er für Karin Milch und Nahrung. Dennoch werden Karin und ich krank. Das gibt ja kein Wunder, ob der Vergangenheit. Mit Diphtherie werden wir in das Krankenhaus in Schwerin eingeliefert und kommen auf die Isolierstation. Auch nach hier bringt Micha sein Päckchen. Nach sechs Wochen sind wir wieder gesund und kehren zurück in unser Haus. Hier bieten sich für uns Vier in der Nachbarschaft bei einer älteren Frau, zwei größere Zimmer an. Gerne ziehen wir um. Ab Juni wohnen wir schon in dieser Wohnung hier."

Mit der Tochter durch Nacht und Nebel

Ich habe still zugehört. Vera hat es angestrengt, die erlebten Ängste noch einmal zu erzählen. Nun ist für mich auch diese Erlebnislücke geschlossen. Sie ist besonders dramatisch. Wir schreiben schon Ende Oktober 1945. Wir bereiten uns auf den Abmarsch vor. Eile ist geboten. Es kann täglich kälter und regnerisch werden. Das möchte ich uns allen ersparen. Am 30. 10. 1945 gehen wir los. Von allen verabschieden wir uns. Den ersten Zug nach Gardelegen nehmen wir. Ich will den gleichen Weg nehmen, den ich nach hier genommen habe. Also auch die gleiche Stelle im Stacheldrahtzaun. Gegen 10.00 Uhr sind wir schon in Gardelegen. Jeder trägt sein Bündel. Warm ist Karin in eine Decke gehüllt. Dieses Bündel trägt Vera. Ich mache mir meine Gedanken. Sorgen? Nein, habe ich nicht. Ich bin ruhig und ein wenig selbstsicher. Nun kommt der schwierigste Teil. Es sind dreizehn Kilometer durch Feld und Flur bis an die Grenze. Vier Kilometer davor verstaue ich einen Koffer, den ich bisher getragen habe, im Gebüsch. Wenn die Familie über die Grenze ist, holst du den Koffer nach, sage ich mir. Warum ich das tue? Ich möchte meine Hände frei haben wenn es nötig ist. Es wurde nötig. Ich mußte mein Kind und die anderen durch die Grenze bekommen, das ist wichtiger als ein Koffer. Das Wetter ist trocken, leicht bewölkt, der Mond ist nur mit einer schmalen Sichel am Himmel vertreten. Langsam sind wir bis auf vierhundert Meter an die Grenze herangekommen. Es ist 22.00 Uhr geworden. Vor dem entscheidenden Übergang machen wir noch eine kleine Rast. Eine Lagebesprechung. Ich prüfe nochmal das „Paket", in welchem Karin eingewickelt ist. Sage Vera, wie ich den Durchgang im Draht größer mache, für sie und das Kind. Langsam schleichen wir an die fragliche Kuhweide heran. Jeweils 160 Meter ist zwischen dem russischen und dem englischen Posten der Freiraum für uns zum Durchschlüpfen. Noch fünfzig Meter, gebückt erreichen wir den Stacheldraht. Vera ist hinter mir. Ich hebe den oberen Draht hoch, trete mit dem Fuß den unteren nach unten. Durch diese Öffnung schiebt Vera sich mit ihrem Bündel, mit Karin. Da fällt doch die Kleine aus der Decke und weint. Unsere Nerven sind zum Zerreißen gespannt. Da kann nur das Glück noch helfen. Ich horche in die Nacht, höre aber keine Reaktion. Wir rutschen alle durch. Die ersten 25, 50 und 100 Meter liegen schon hinter uns. Wir sind in der Freiheit und liegen uns in den Armen. Über einen Feldweg laufen wir weiter nach Westen. Im Osten wird es allmählich hell. Es beginnt für uns ein denkwürdiger Morgen. Meine Spannung entlädt sich allmählich. Einen dankbaren Blick sende ich nach oben. Jetzt kann die Zukunft für uns beginnen. Die Familie ist in Sicherheit, ich kann für sie sorgen und arbeiten. Ich denke zurück. Mit neun Monaten bin ich 1918 von West nach Ost ausgewiesen worden. Meine Tochter muß ich hier von Ost nach West, auch mit neun Monaten, durch den Stacheldraht schieben. Geschehen im 20. Jahrhundert, im Herzen Europas. Nun aber gut und weiter. Wie geplant, bringe ich die Familie nach Hamburg zum Onkel.

Auch ich hab noch einen Koffer ...

Dann will ich nach Ratzeburg zurück, den versteckten Koffer zu holen. Ich fahre sofort los. In Ratzeburg nehme ich wieder den Weg zu dem fraglichen Übergang. In dieser Nacht haben wir Vollmond und kein Wölkchen befindet sich am Himmel. Das Gelände ist fast taghell ausgeleuchtet. Meine Durchgangsstelle liegt dadurch zu offen im Gelände. Ich versuche mich abseits durch das Gebüsch zu schlagen. Es dauert nich lange, da habe ich mich regelrecht „festgefahren". Das Knacken im Unterholz ist mir zu gefährlich. Dann sehe ich auf einem Feldweg, der an meinem Gebüsch vorbei läuft, einen russischen Soldaten Wache schieben. Hier hört jetzt für mich der Spaß auf. Ich ziehe die Flucht nach vorne vor. Als der Posten sich wieder reichlich von mir entfernt hat, gehe ich auf den Weg und ergebe mich. Wir beide gehen zu einer Flüchtlings-Sammelstelle. Viele Menschen sind unterwegs und werden gefaßt. Ich werde verhört. Dabei erzähle ich meinen Fluchtweg mit der Familie wohl etwas zu genau. Das soll sich noch rächen. Anschließend gehe ich mit dem Soldaten zu meinem Koffer. Der ist aber weg. Er war wohl nicht genug getarnt. Wir gehen wieder zurück zur Sammelstelle. Am nächsten Tag gehen wir mit ca. 30 „Gefangenen" in Richtung Schwerin. Schon bald kommt meine Stunde, auf die ich warte. Ich will und muß doch wieder nach Hamburg zu meiner Familie. Als die günstigste Stelle und der Moment gekommen ist, haut Ewald wieder ab. Weg in Richtung der mir bekannten Schlupfstelle. Inzwischen ist es wieder Abend. Langsam nähere ich mich ihr. Am Himmel haben wir Halbmond mit leichter Bewölkung. Bis fünfzig Meter vor den Grenzstacheldraht bin ich gekommen. Ich liege in einem etwas tiefen Graben, hinter einem Weidezaun. Die Grenze schaue ich ab und was sehe ich denn da? Stehen doch da in fünfzig Meter Entfernung an meiner Schlupfstelle zwei russische Soldaten. Kein Wunder, habe ich doch alles genau geschildert. Jetzt wird die Stelle bewacht. Was nun, zurück? „Du bleibst hier" sage ich mir, „warte ab was kommt". Es ist 0.30 Uhr. Ich kann die Beiden gegen den Abendhimmel gut auf der Grenze sehen. Die Stunden verrinnen. Es wird 2.00 Uhr, 3.00 Uhr, 4.00 Uhr. Es verändert sich nichts. Es ist nicht feucht, auch nicht kalt. Notfalls muß ich den Tag hier ausharren. Ich tarne mich noch mehr mit Gräsern und drücke mich noch tiefer in den Graben. Gegen 5.00 Uhr kommt Bewegung in die Szene. Einer von beiden kommt doch tatsächlich auf mich zu, genau in meine Richtung. Haben die mich entdeckt? Unmöglich, sage ich mir. Soll ich flüchten? Mir raucht der Kopf. „Bleib' ruhig Ewald", sag' ich mir. Nur einen ganzen Meter steht er hinter dem Draht und mir. Sein Gewehr stellt er an den Zaunpfahl. Ich merke, er schaut über mich weg, dreht sich rum, zieht die Hose runter und macht sein Geschäft in unmittelbarer Nähe von mir und meiner Nase. In mir ist Totenstille. Ich darf nicht atmen. Ich bin mir der gefährlichen Situation voll bewußt. Nachdem er sein Geschäft erledigt hat, schaut er noch einmal über mich weg, nimmt sein Gewehr und trottet zu seinem Kameraden zurück. Sie packen sich auf und verschwinden. Der Morgen dämmert schon. Ich robbe die fünfzig Meter zur Grenze. So elegant habe ich das Robben noch nie durchgeführt. Jetzt nur keinen Fehler mehr machen. Durch den Grenzzaun hindurch. In gebückter Haltung fünfzig, hundert Meter weiter und ich bin in Freiheit. Ich bin mir bewußt, wie gefährlich das für mich war. Was wäre geworden, wenn er mich entdeckt hätte? Man darf nicht daran denken. Dankbar falte ich meine Hände und schüttele nur mit dem Kopf. Das soll noch einer verstehen.

Bleib wo du bist und nähre dich redlich

Frohen Mutes fahre ich zu meiner Familie nach Hamburg. Wenn auch der Koffer fehlt. Das kann man alles ersetzen. Dieses Unternehmen war eine Herausforderung. Darauf bin ich stolz. In meinem Kopf herrscht eine allgemeine Hochstimmung. Was ich nicht alles machen werde für meine Familie. Ein Haus im Grünen, ein Dach über dem Kopf, dieser Plan steht an erster Stelle. In Hamburg treffe ich sie alle wieder. Wir machen uns reisefertig. Bei Onkel Waldemar bedanken wir uns und fahren nach Brühl. Unsere Karin ist schon fast neun Monate alt. Die Versorgung mit Kindernahrung ist ein schwieriges Problem in dieser Zeit. Durch die Unterversorgung in den ersten Monaten auf der Flucht, hat sie Mangelerscheinungen bekommen. Oft bittet mich Vera, dieses und jenes für Karin zu betteln. Mit Ach und Krach kommen wir in Brühl an. Es ist der 20. November 1945. Den ersten Weg in Brühl gehen wir zu einer mir bekannten Familie. Die lange Fahrt ist für uns alle kein Vergnügen gewesen. Karin wird hier liebevoll versorgt, um anschließend mit uns den Weg vier Kilometer nach Hause zu gehen. Mit Einzug der „Flüchtlinge" wird in der Großfamilie meiner Mutter mit noch drei Brüdern, die noch nicht zu Hause sind, ein neues Kapitel geschrieben.

Zunächst müssen wir alle zusammenrücken. Ich hoffe, daß sich alles harmonisch gibt. Aus diesem Grund steht an erster Stelle mein Plan, meiner Familie ein Dach über dem Kopf zu besorgen. Entweder zur Miete, oder wenn es sich gibt, ein Haus zu bauen. Aber so kurz nach dem Kriege sind dafür die Voraussetzungen noch nicht geschaffen.

Die erste Weihnacht im Frieden steht vor der Tür. Geschenke sind noch nicht so wichtig. Es ist ja wohl das schönste Geschenk, daß wir das Fest zusammen feiern können. Wenn auch noch vieles am Boden liegt. Einen Weihnachtsbaum bekomme ich schon. Aber wo nehme ich die Weihnachtskerzen her? Wachs habe ich noch von früher. Da kommt mir eine Idee. Eine große und lange Kartoffel schneide ich durch. Eine Kerzenform löffle ich aus beiden Hälften. Einen Docht hänge ich in die Öffnung und gieße dann flüssiges Wachs hinein. Die Kerze ist nach dem Erkalten fertig. Die Kerzenhalter sind noch vorhanden. Wir können nun das Lied anstimmen: „Am Weihnachtsbaume die Lichter brennen ...".

Jetzt bemühe ich mich um eine Arbeitsstelle. Zuerst versuche ich bei meiner früheren Firma unterzukommen. Die haben aber noch nicht ihre Tore geöffnet. Dann versuche ich es bei der Braunkohle. Mein Vater war auch dort angestellt. Die Kohle wirbt mit vielen Sondervergünstigungen für die Arbeitnehmer. Die Energiefrage hat im Land, nach diesem Krieg, einen besonderen Stellenwert. Am 28.12.1945 fahre ich meine erste Schicht, wie man das im Bergbau so nennt. Jeden Tag bekomme ich gut belegte Butterbrote, die mir Vera nicht mitgeben kann. Auch Bezugsscheine bekomme ich. Damit kann ich meinen Haushalt einrichten. Meine Arbeitsstelle ist nur drei Kilometer von meiner Wohnung entfernt. Ein Fahrrad steht noch im Haus, aber ohne Reifen. Einen dickwandigen Schlauch nehme ich und lege ihn um die Felge. Die beiden Enden verbinde ich mit einem Haken. Das Rad ist fahrbereit. Wenn ich dann morgens, 5.30 Uhr im Frühling '46, durch den Wald zur Frühschicht fahre, bekomme ich ein Glücksgefühl und bin froh, daß sich alles so gut gefügt hat. Man ist schon zufrieden, wenn auch vieles noch fehlt. Ich denke, mit zwei Händen und einem guten Verstand, kann man alles bewältigen.

Der Frühling ist da. Vera möchte doch gerne Karin in der Frühlingssonne spazieren fahren. Also muß ein Kinderwagen her. Auch hier wieder, woher nehmen? Überall frage ich und suche. Da sehe ich doch auf einer Müllkippe einen leicht demolierten Kinderwagen. Ich schaue ihn mir an. Den kann ich reparieren, stelle ich fest. Mit einer Cremefarbe und geblümtem Stoff, wird er wieder zu einem ansehnlichen Kinderwagen herausgeputzt. Stolz bin ich, wenn Vera unsere Tochter spazierenfährt. Man kann sagen, wir haben Fuß gefaßt.

Meine Brüder Walter, Alfred und Kuno sind noch nicht zu Hause. Ob sie gesund nach Hause kommen? Eine bange Frage. Keiner kann es beantworten. Ich setze neben meiner Arbeit auch meinen Schwur in die Tat um. Der da lautet: „Sorge dafür, daß Familie, Mutter und Geschwister keinen Hunger leiden müssen." Vor und hinter unserem Haus sind noch einige unbebaute Grundstücke. Mit Hacke und Spaten mache ich sie urbar. Kartoffeln und Gemüse baue ich an. Ein älterer Nachbar weist mich als Anfänger in die Geheimnisse ein. Ich sinne und spinne immer weiter. Das fast Unmögliche versuche ich in die Tat umzusetzen. Zeichnungen für ein kleines Häuschen fertige ich an und komme dabei ins Schwärmen. Noch erlaubt es die Zeit nicht. Land und Geld fehlt noch.

Inzwischen sind auch meine drei Brüder heil und gesund zu Hause eingetroffen. Alle Vier waren wir an der Front und sind alle heil und gesund zurückgekehrt. Welch eine Gnade, vor allem für Mutter. Die vielen Menschen, in dem kleinen Haus, sorgen dafür, daß man sich nach einer neuen Wohnung umschaut. Zumal da in meiner Familie ein freudiges Ereignis bevorsteht. Ende 1946 ziehen wir nach Brühl um und beziehen eine kleine und eigene Wohnung. Am 6. 2. 1947 kommt unser Wolfgang zur Welt. Mittlerweile haben wir unseren Hausstand zusammengebettelt und auf Bergmanns-Bezugscheine gekauft. So haben wir auch einen kleinen, gußeisernen Ofen in der Küche stehen. Ich betrachte ihn als das Herzstück einer Familie. Kohlen bekomme ich von meiner Firma. Kaufen auf Bezugschein kann man aber nicht alles und nicht genug. Das Geld hat noch nicht seinen Wert. Die Währungsreform steht noch aus. Im Lande blüht der Tauschhandel. Wer nichts zum Tauschen hat, der organisiert sich, was ihm fehlt. Ich selbst betätige mich wieder wie im vergangenen Jahr. Die Kuhhäute der Bauern tausche ich wieder in den Lederfabriken gegen Sohlen-Leder ein. Meinen Anteil tausche ich dann je nach Bedarf gegen Hauptnahrungsmittel. Den Überschuß an Leder lege ich auf Lager. Dieses Depot soll mir nach der Währungsreform beim Bau meines Hauses einen Grundstock bilden. Meine Familie leidet keinen Hunger.

Eine Kartoffelfahrt versuche ich auch einmal. Kartoffeln kann man noch nicht in den Geschäften kaufen. Mit einem Rucksack fahre ich in die französische Besatzungszone nach Mayen. Dort ist ein sehr großes Kartoffelanbaugebiet. Für zwei Flaschen Schnaps bekomme ich meinen Rucksack voll Kartoffeln. Nun habe ich davon gehört, daß die Franzosen in Remagen Jagd auf die Kartoffelfahrer machen. Ich nehme das aber nicht so ernst. Wir fahren in den Bahnhof ein, ich will den Rucksack verstecken, da haben sie mich auch schon. Sie nehmen mir den Rucksack mit Inhalt weg. Ich denke, wie primitiv doch die Menschheit ist. Vera eine Freude zu machen, ist mir nicht vergönnt. Mit meinen Fähigkeiten hätte ich unbedingt den Rucksack mit Kartoffeln nach Hause bringen müssen. Da hat Ewald geschlafen. Neben den Kartoffeln, sorge ich und auch andere, für eine Spezialität auf dem Tisch. Aus Zuckerrüben kann man nicht nur Schnaps machen, sondern auch Rübenkraut. Das auf Reibekuchen gestrichen, ist seit meiner Kindheit für mich eine Delikatesse. Das Öl wiederum wird für diese Leckerbissen aus Bucheckern gepreßt, die wir im Buchenwald gesammelt haben. So schließt sich der Kreis.

Die Zuteilung auf Lebensmittelkarten ist sehr dürftig. Das Anstehen der Frauen mit kleinen Kindern ist ein besonderes Problem. Auch die Milch für kleine Kinder ohne Kühlschrank im Sommer aufzubewahren. Zum Glück haben Oma und Opa in unserer Nähe eine kleine Wohnung bekommen. Dadurch hat Vera eine sehr große Hilfe beim Anstehen nach Nahrungsmitteln.

Das Jahr 1947 geht seinem Ende entgegen. 1948 zeichnet sich schon eine Wende von der alten zur neuen Zeit ab. Die Währungsreform soll verwirklicht werden. Im Juli dieses Jahres ist es soweit. Sehr große Erwartungen sind damit verbunden. Jedenfalls sind wir alle an diesem Tag gleichgeschaltet. Jede Person bekommt DM 40,00 in die Hand gedrückt. Das ist der Massenstart eines Volkes in die Zukunft, nach einem mörderischen Krieg. In eine demokratische Zukunft. Die erste Demokratie geriet in eine Weltwirtschaftskrise und scheiterte. Mögen wir diesmal davon verschont bleiben.

Mai 1949: Betonwerker bei der Arbeit

Schon im November 1949 sind wir eingezogen

Teil II
Epoche: 1949 – 1988
Der Wiederaufbau

Die Durststrecke

Mit der Währungsreform 1948 beginnt eine neue Zeitepoche. Jetzt übernehmen demokratische Parteien die Regierungsgeschäfte in Stadt und Land. Mit ihnen beginnt der Aufbau.

Die Währungsreform ist kaum verklungen, da trägt sie bei mir schon Früchte.- Mein Projekt Nr. 1 greife ich sofort auf. Ein Haus im Grünen habe ich meiner Frau versprochen. Aber auch die Behörde bewegt sich in diese Richtung. Für ein Siedlungsprojekt kann man sich auf dem Bürgermeisteramt melden. Es liegt günstig am Stadtrand. Sofort schreibe ich mich in die Anwärterliste ein. Schon drei Monate nach der Währungsreform sitzen wir angehende Hausbesitzer mit unserem Architekten zusammen. Über Baugrundstück, Preise und Vorfinanzierung planen wir. Es ist ein günstiges Angebot, sehr preiswert und überschaubar. Geld hat man ja nicht viel. Das Hauptkapital ist der Wille und sind meine beiden Hände. Nun geht es Schlag auf Schlag. Eine nüchterne Kalkulation sagt ja zum Bau. Schon im Februar 1949 hebe ich die Baugrube aus. Jeder der Siedler unserer Baugruppe bekommt ein Startkapital in Höhe von DM 3000,–. Ich selbst habe eine besondere Starthilfe. Zur gleichen Zeit wird hier eine große Fabrik stillgelegt und abgerissen. Da fällt reichlich Baumaterial an, das ich zu günstigen Preisen für mein Haus kaufe. Dazu nehme ich einen Maurerpolier für den Bau, meinen Schwiegervater für die Schreinerarbeiten und ich bin der Handlanger. Man kann sich vorstellen, welch eine Hochstimmung ich mit mir herumtrage, bald stolzer Besitzer eines Eigenheimes zu sein.

Sehr günstig ist auch meine tägliche Arbeitszeit. Früh fange ich morgens in meiner Firma an und bin früh am Nachmittag wieder zu Hause. Dadurch kann ich viele Arbeitsstunden an meinem Bau ableisten. Im Baujahr 1949 haben wir fast immer schönes Wetter. Dadurch macht der Bau gute Fortschritte und es ist uns vergönnt, schon im November 1949 einzuziehen. Schneller geht es in dieser Zeit nicht, und das im Eigenbauverfahren. Wir gehören wohl zu den ersten Familien, die nach der Währungsreform ein Eigenheim gebaut haben. Darauf sind wir auch stolz. Schnell und unproblematisch ist unser „Haus im Grünen" gebaut. Entscheidend war der Wille, aber auch das Können. Auf 665 m^2 ist das Haus mit Grünfläche und Nutzgarten zum Wohle meiner Familie angelegt.

Wir schreiben das Jahr 1950. Unser Leben verläuft jetzt schon in geordneten Bahnen. So wie wir, legen fast alle am Wiederaufbau Hand an. Die Zerstörungen in den großen Städten und Industriezentren verschwinden allmählich. Das geschieht ohne staatliche Propaganda, wie wir es bisher bei solchen Aktionen gewohnt waren. Noch einige Jahre werden vergehen, bis auch unser Haus und Garten fertig erstellt sind. Der Wille dazu ist vorhanden.

Am 1. März 1950 wird in der Bundesrepublik und in West-Berlin die Lebensmittelrationierung aufgehoben. Das ist ein großer Schritt nach vorne. Aber wir haben auch schon über zwei Millionen Arbeitslose. So schnell schießen die Preußen nicht. Angebot und Nachfrage muß sich erst einspielen. Es fehlen noch viele Produktionsstätten mit den dazugehörigen Facharbeitern. Wo sind sie geblieben? Viele sind gefallen, hüben wie drüben. Dann schleicht sich bei mir der Gedanke ein: „Und du bist hier?" Eine Stimme antwortet mir: „Es sollte so sein, viel ist auf deine Kuhhaut gegangen."

Der Aufbau im Lande geht zügig voran. In den Herzen der zurückgekehrten Soldaten hat sich ein großer Schaffensdrang gebildet. Er steht für den Aufbau zur Verfügung. Dazu kommt, die Diktatur lastet nicht mehr auf unseren Gemütern. Wir genießen die Freiheit und Demokratie. Die Vergangenheit hat in diesem Jahrhundert einen besonderen hohen Stellenwert bekommen. Wer mit offenen Augen und wachem Verstand das 20. Jahrhundert überlebt hat, dem fällt es nicht schwer, das Erlebte zu schildern. Den „Stoff" kann nicht jedes Jahrhundert vorweisen. Aber die Geschichte geht zum Alltag über.

Ein Raunen geht durch die Welt. Am 5. März 1953 stirbt der Mann, der neben Adolf Hitler wohl der derzeit populärste Mensch ist, Josef Stalin. Ihm ist es erspart geblieben, zu erleben, wir sein Imperium zu bröckeln beginnt. Noch im gleichen Jahr, am 17. Juni 1953 erfolgt der Arbeiteraufstand in Ost-Berlin. Ich habe schon immer geahnt und für mich stand fest:

> *„Wenn alles allen gehört,*
> *dann gehört alles keinem*
> *wenn alles keinem gehört,*
> *dann fängt alles an zu bröckeln."*

Auf vielen Gebieten stellen sich Erfolge ein. Der Fleiß der Menschen trägt Früchte. So auch im Sport. An der Fußballweltmeisterschaft 1954 in Bern nehmen wir teil und werden Weltmeister. Oh, war das im Lande eine Freude. Bis an die Decke sprang mein Freund Willi, als das entscheidende Tor gefallen war. Meiner Schwiegermutter haben wir es zu verdanken, daß wir die Übertragung sehen konnten. Schon 1953 hat sie sich einen Fernseher zugelegt und gehörte zu den ersten Besitzern. Langsam fügen wir uns wieder in die Völkergmeinschaft ein. In diesem Sinn ist es zu verstehen, daß den ersten Bundeswehrsoldaten am 13. 11. 1955 ihre Ernennungsurkunden von dem Bundespräsidenten Heuss mit dem Bemerken überreicht werden: „Na Jungs, nun siegt man schön." Ja, es hat sich schon manches zum Besseren gewandelt. Oft macht der Ton die Musik. Es ist nicht mehr der sonst so strenge militärische Grundton zu hören. Davon haben wir ja auch die Nase voll. Jede Zeit hat ihre besonderen Epochen. 1945 ist die ab 1871 zu Ende gegangen. Die Welt muß und wird sich neu orientieren. Neue Fakten drücken ihren Stempel auf. Von besonderer Bedeutung ist in dieser aufbrechenden Zeit die Weltaustellung 1958 in Brüssel. Mit meinem kleinen Motorrad, 98 ccm, fahre ich meinen elfjährigen Sohn nach dort und besuche die Ausstellung. Von besonderem Interesse ist für mich u. a. der große Pavillon der UdSSR. Was kann das Land heute auf dem wirtschaftlichen Sektor vorweisen? Groß steht ihre Halle da, groß auch ihr Bohrturm. Aber ich kann aus allem einen Anschluß an das westliche Wirtschaftsniveau noch nicht erkennen. Alles überragend steht am Himmel das Atomium. Dieser Besuch hat meinen Wunsch nach Freizeitaktionen erweitert. Arbeit allein macht den Menschen nicht glücklich. Er hat Ideale, Wünsche und Träume. In diesem Sinn krame ich meine Ski aus der Versenkung hervor und verlebe meinen ersten Skiurlaub nach dem Krieg auf der Seiser-Alm in Süd-Tirol. Dabei merke ich, daß der Kerl etwas steif geworden ist. Ich sage mir, das muß anders werden. In deinem Alter mußt du alle deine Muskeln bewegen. Die idealen Sportarten nehme ich in meinem Alter in mein Trainingsprogramm auf, wie Leichtathletik, Radfahren, Schwimmen und Skilanglauf. Aber auch das Wandern in der Natur und schauen, was hinter den Bergen haust. Nicht nur ausgetretene Pfade begehen, sondern auch mit Karte und Kompass durch die Lande ziehen. Bei aller sportlichen Tätigkeit den Bogen dabei nie überspannen. Das gilt auch für meine Ernährung. Ich esse stets mit Maß und Ziel. Die Ernährung muß mit Sorgfalt durchdacht sein. Mit der Zeit fällt das nicht schwer, man hat sich daran gewöhnt.

Das Wirtschaftswunder

1960 kann man sich schon einen Rückblick auf den Wiederaufbau erlauben. Der Gesamtbegriff: „Der Wideraufbau" ist in seiner Anfangsphase mit seinen Schwierigkeiten durchaus als „Durststrecke" zu bezeichnen. Aber nach den vergangenen zehn Jahren hört man hin und wieder einen zweiten Begriff. In den Medien im In- und Ausland kann man ihn immer öfter lesen und hören. Man spricht von einem „Wirtschaftswunder". Wunder sind schon immer bewundernswert. Aber sie kommen nicht ohne Leistung und Einsatz zustande. Das sei ein Lob für alle, die an dem Wiederaufbau teilgenommen haben. Vor allem denke ich dabei an die heimgekehrten Soldaten aus der Gefangenschaft. Sie alle können stolz sein. In der Geschichte hat es eine solche Zerstörung noch nicht gegeben. Wer gesehen hat, wie die Städte und Industrie-Standorte zerbombt waren kann ermessen, wozu Menschenhand und Verstand fähig sind, das alles wieder aufzubauen.

Auch meine Familie geht mit der Zeit. Man trägt sich mit dem Gedanken, ein Auto zu kaufen. Bescheiden wie wir sind, soll es ein kleiner Wagen sein. Die Auto-Firmen haben schöne, kleine Wagen gebaut. Eine Garage ist im Eigenbau bald erstellt. So hat das Wirtschaftswunder auch in meiner Familie seinen Einzug gehalten. Nun kommt auch mein Führerschein zur Geltung. Die Prüfung habe ich 1939 in Hamburg auf der Reeperbahn abgelegt. Mutig steuere ich meine Familie durch Deutschland und die anliegenden Urlaubsländer. Die schönsten Urlaubsziele suche ich für sie aus. Nach Locarno in der Schweiz wollen sie immer wieder. Die Freiheit und Beweglichkeit erreichen wir mit einem sehr guten Zelt. Das sind die Aktivitäten im Sommer. Im Winter schnalle ich mir die Pisten-Ski unter. Oft fahre ich nach St. Moritz und Zermatt. Ich muß hoch hinaus. Da ist die Welt für mich am schönsten. Sie ist dort „grenzenlos" und ich bin dem Himmel nahe.

So vergehen die Jahre, sie fliegen dahin. Schon schreiben wir das Jahr 1970. Die Auseinandersetzungen zwischen den Großmächten, der sogenannte „Kalte Krieg", geht mit unverminderter Härte weiter. Chruschtschow führt im Osten Regie. Seine Politik der Nadelstiche versetzt uns ständig in Angst und Schrecken. Am Eisernen Vorhang werden immer wieder Flüchtlinge erschossen. Die Sorge um den Frieden ist unser ständiger Begleiter. Vor der UNO spricht Chruschtschow auch. In seinem Temperament schlägt er mit seinem Schuh auf das Rednerpult und spricht die Worte: „Der Sozialismus wird den Kapitalismus besiegen." Das hätte er besser nicht gesagt, denn damit hat er offenbart, wie wenig er real denken kann. Solchen Menschen traue ich immer Fehlentscheidungen zu. Für mich ist es beruhigend, daß sich beide Weltmächte patt gegenüberstehen. 1972 nehme ich einen dreiwöchigen Urlaub und fliege in den Kaukasus und nach Mittelasien, mit den Städten Duschanbe, Samarkant und Taschkent. Es ist eine Urlaubsreise, aber mehr noch eine Studienreise. Ich studiere und vergleiche, ob ich mit meinen Vorstellungen über Land und Leute richtig liege. Es ist auch ein Blick hinter den Eisernen Vorhang. Ich habe mich überzeugen können, wie der Stand der Entwicklung im kommunistischen Rußland ist. Schon immer habe ich an der Zukunft des Kommunismus gezweifelt.

Zu viele Gedanken über Politik darf ich nicht verschwenden. Ich wende mich dem Sport wieder zu. Ein festes Programm habe ich schon seit Jahren. Alle Jahre lege ich die Prüfung für das Deutsche Sportabzeichen ab.

Meine Pensionierung rückt näher. Dafür lautet meine Devise: „Sorge dafür, daß du nach deiner Pensionierung noch voll deinen Hobbies nachgehen kannst. Gesund alt werden ist mein Ziel. Dazu stelle ich jetzt mein Training auf Sportarten um, die in meinem Alter angebracht sind. Im Winter ist es der Ski-Langlauf, im Sommer Radfahren und Schwimmen. Diese Sportarten haben einen harmonischen, weichen, die Gelenke schonenden Bewegungsablauf. Herz und Kreislauf werden stabilisiert. Mit dieser Umstellung beginnt die Zeit meiner sportlichen Abenteuer. Ob ich Radfahre oder Ski-Langlauftouren mache, es müssen immer lange Strecken sein. Aber mit Maß und Ziel, das baut auf. Dadurch bin ich der Natur nahe und kann im Lande viel sehen und erleben. Mein Sohn hat 1970 in Belgien seine erste Arbeitsstelle nach dem Studium angetreten. Schon nehme ich das zum Anlaß, mit dem Fahrrad ihn zu besuchen. Es sind nur 160 Kilometer. Aber ich bin stolz darauf. Bei meiner Ankunft fragt er mich, wo ich mein Auto stehen habe. Er will nicht glauben, daß ich mit dem Fahrrad gekommen bin. Nach seiner Versetzung im nächsten Jahr nach Antwerpen, ist die Strecke von 250 Kilometer, nach dort an einem Tag, für mich auch kein Hindernis. Das allerdings nur bei Rückenwind. Ich merke, solche Touren mit dem Rad sind ein Ansporn, um Körper und Geist zu stählen. Zehn Jahre lang steht diese Tour jährlich auf meinem Programm. Als Ausgleich für die großen Radtouren wandere ich große Strecken. Damit will ich die Muskulatur entsprechend belasten. Ein Anreiz dafür ist für mich der Königsweg im schwedischen Polarkreis. Hier gibt es Natur pur. Mit dem Rad ist hier nichts zu machen. Es ist ein international bekannter Wanderweg, der sich von Abisko bei Kiruna nach Ammernäs mit einer Länge von 430 Kilometern von Nord nach Süd erstreckt. Auf der Strecke gibt es Gebirgsstationen und Hütten mit Übernachtungsmöglichkeit und Verpflegungsmagazine. Sie liegen 20—25 Kilometer auseinander. Im Juli 1973 laufe ich 250 Kilometer diesen Wanderweg von Abisko bis Kvikkjok. Trotz regnerischem und windigem Wetter ist es Dank der Natur ein Erlebnis geworden. Für mich steht fest, da muß ich noch einmal hin.

Nach meinen großen Rad- und Fußwanderungen reizt mich jetzt mein drittes sportliches Standbein, der Skilanglauf. In den Wintern 1975 und 1977 laufe ich in Finnland. In Juuma bei Kusamo in Nordfinnland mache ich Station. Unterkunft habe ich im Trainingscamp der finnischen Skilanglauf-Nationalmannschaft bekommen. Einen besonderen Eindruck hinterläßt die finnische Landschaft auf mich. Sie ist flach und die riesigen Tannenwälder sind von großen und kleinen

Seen durchzogen. Nach den zwei Reisen hier fühle ich doch, daß das Land für meine Langlauf-Vorstellungen zu flach ist. Mir fehlen die Berge. Da kommt mir ein Gedanke. Wie ist es denn in dieser Beziehung mit dem schwedischen Hoch- und Mittelgebirge, z. B. dem Königsweg? Eine Anfrage beim schwedischen Touristenverband ergibt, im Winter kann man auf der ganzen Strecke laufen. Die Hütten sind offen und auch mit Proviant versorgt. Man müsse aber ein guter Läufer sein. Also mache ich mich im April 1979 auf den Weg nach Norden. Es ist eine Fahrt von besonderer Bedeutung. Nach meiner 40jährigen Tätigkeit in meiner Firma bin ich vor einer Woche pensioniert worden. Ich starte in meinen neuen Lebensabschnitt, wie ich es mir immer vorgestellt habe. Daß ich bei guter Gesundheit und mit voller Kraft mir meine Wünsche noch erfüllen kann. Es ist wieder der Königsweg in Schweden, den ich jetzt auf Langlauf-Ski im Winter laufe. Auf ein Urlausende brauche ich nicht mehr zu achten. Das ist ein wunderbares Gefühl. Jetzt bin ich nur noch einem verantwortlich. Traumhaft schön ist auch das Wetter. Schnee und Sonne in Hülle und Fülle. Ein Traum geht für mich in Erfüllung. Ehrfahrungen will ich hier oben sammeln, denn ich möchte noch oft nach hier kommen. Mit einer schönen Erinnerung und guten Ideen versehen, fahre ich in die Heimat zurück.

Dort angekommen, beginnt der Virus „Nordland" zu wirken. Die Tour hat mich so begeistert, daß ich in den nächsten Jahren diese Langlauftrips in den Monaten März–April plane und durchführe. Der Polarkreis dort oben gibt mir für viele Jahre Gelegenheit, meinen Tatendrang zu befriedigen. Am 23. 3. 1983 fahre ich mit dem Auto los. In Hamar (Norwegen) stelle ich meinen Wagen in der Jugendherberge unter. Mit dem internationalen Seniorenpass fahre ich mit der Bahn weiter über Trondheim und Narvik bis Abisko. Es liegt zwischen Narvik und Kiruna an der Erz- Verladestation. Hier beginne ich meine Tour. In diesem Jahr will ich mehr erleben. Ich will alle drei Nationalparks durchlaufen. Das sind der Abisko-, der Sarek- und der Padjetlanta-Nationalpark. Dazu habe ich mir beim schwedischen Touristenverband Spezial-Karten angefordert. Jetzt als Pensionär habe ich viel Zeit. Schnee ist da oben im Polarkreis kein Problem. Scheint dann noch die Sonne, kann man von einem echten Erlebnis sprechen.

Zunächst steige ich in die Königs-Loipe ein. Auf der Strecke gibt es Gebirgsstationen und Hütten. Sie liegen 15–25 Kilometer aueinander. In den Gebirgsstationen bekommt man Unterkunft, Essen und Proviant. Einige haben auch eine Sauna. Fast jede zweite Station oder Hütte hat ein Proviantmagazin. Nur so ist es möglich, diese weiten Gebiete zu durchlaufen. In den Hütten gibt es auch Kochstellen mit Küchenausrüstung und die Betten sind mit Matratzen, Wolldecken und Kissen versehen. Sie sind voll auf Selbstverpflegung ausgerüstet.

Jeder muß mit dem Abwasch, dem Aufräumen, der Müllbeseitigung, dem Wasserholen und dem Holzhacken mithelfen. Birkenholz ist die Hauptenergiequelle. Damit werden die Hütten geheizt. Gekocht wird mit Gas. In den Stationen walten die Hüttenwarte. Sie kassieren die Unterkunftsgebühr, verwalten die Stationen und Proviant-Magazine.

Der höchste Punkt auf dieser Strecke ist der Tjäktjapass mit 1150 Metern über dem Meer. Im Sommer wie im Winter kommen Wanderer und Gruppen aus allen Ländern. Alle Altersgruppen sind vertreten. Sie sind alle gut ausgerüstet und durchweg gute Wanderer bzw. gute Langläufer. Diese internationale Atmosphäre schlägt sich auch auf die Feierabend-Stimmung in den Hütten bzw. am Kamin nieder. Obwohl ich alleine von zu Hause abfahre, fühle ich mich hier nie alleine. Es sind alles Gleichgesinnte und der „Anschluß" ist für jeden eine Selbstverständlichkeit. Es gibt dann viel zu erzählen. Von Land und Leuten, von woher und wohin. Die Sprache? Einer kann immer Deutsch. Wenn nicht, sprechen wir englisch. Oft werde ich aufgefordert, Spezialitäten mit ihnen zu essen oder ich bekomme Fische geschenkt.

Nun ist der Tag gekommen, an dem ich meine Bretter anschnalle. Was wird mir diese Tour bringen? Man kann nie wissen, was man erlebt, wenn man vier Wochen unterwegs ist, 350 Kilometer läuft und in 18 Hütten übernachtet. Wie wird das Wetter? Der nächste Morgen nach meiner Ankunft in Abisko ist ein Bilderbuch-Morgen. Es ist so schön, daß ich erst einen Tag hier verbringen muß. Ich streife erst einmal durch die Gegend ohne Rucksack. Ich habe ja Zeit. Am nächsten Morgen beginne ich die Tour und laufe 15 Kilometer bis Abiskojaure. Die nächste Etappe 22 Kilometer bis Alesjaure ist wohl landschaftlich eine der schönsten in Lappland. In tausend Meter Höhe zieht man an Gletschern vorbei. Die Laufrichtung ist stets nach Süden gerichtet. Hautschutzcreme und Sonnenbrille sind unentbehrlich. In Alesjaure hat man eine neue Station unweit der alten gebaut. Mit Sauna, Proviant-Magazin, moderne Aufenthaltsräume und offenem Kamin. Die Kosten für diesen Komplex sollen sich auf 2,5 Millionen DM belaufen. Zur nächsten Hütte nach Sälka sind es 26 Kilometer. Ein sehr langer Aufstieg zu dem schon erwähnten Tjäktjapass und eine lange Abfahrt muß auf dieser Etappe bewältigt werden. In Sälka treffe ich auf eine junge französische Gruppe. Es sind sehr nette Leute. Weiter geht es 20 Kilometer nach Kebnekaise. Das ist schon mehr ein Touristenhotel. Diese Strecke führt bei strahlendem Sonnenschein zwischen Bergen so hoch, wie bei uns die Berge in den Hoch-Alpen. Der höchste Berg, zugleich auch der höchste in Schweden, ist der Kebnekaise mit 2400 Metern. Bis Keitum sind es 20 Kilometer. Auf dem Weg dorthin treffe ich auf eine Urlaubsgruppe Samen. Es sind so zwanzig Leute, Männlein und

Weiblein. Sie fahren mit ihren Skodern durch ihre Urlaubswelt. Für meine Filmkamera ein ideales Objekt. Während ich alles auf meinen Film banne, kommt der „Häuptling" auf mich zu. Wiederum woher, wohin. Das ich allein durch den Polarkreis spure, findet er toll. Er spricht deutsch. Als wir uns verabschieden, meint er ich sei ein Lebenskünstler. Ich denke, so ein Naturbursche muß es wissen und ich bin stolz auf diesen Titel. In Keitum übernachte ich alleine in der Hütte.

Weiter laufe ich über Teusajaure nach Vakkotovara. Es ist heute Sonntag. Viele Schweden sind auf dem großen See und angeln. Mit einem großen Bohrer wird ein 15 Zentimeter großes Loch in das 1 Meter dicke Eis gebohrt. Durch dieses Loch werden mit einer Spezialangel die Fische gefangen. Weiter geht es über Kebnatz nach Saltoloukta. Es gibt viel schönes zu sehen, man hat Augen zu wenig. Ren-Herden, das Schneehuhn und der Eisvogel sind meine Begleiter. Flüchtig nehmen sie Notiz von mir, ich aber schaue sie mir genauer an. Zur nächsten Hütte Sitojaure sind es 22 Kilometer. Auch hier bewohne ich die Hütte alleine. Gegen 18.00 Uhr erscheint in diesem Falle eine Samenfrau aus dem nahen Samendorf und macht Kasse. Gegen 21.00 Uhr schaue ich aus dem Fenster. Da sehe ich einen Polar-Fuchs. Er streicht um meine Hütte. Nachdem ich mich verpflegt habe, schlafe ich ruhig. Das nächste Ziel ist Aktse. Zunächst laufe ich drei Kilometer über einen zugefrorenen See. Dann erfolgt ein Anstieg auf einen Höhenzug. Vor Aktse senkt sich dann wieder die Loipe. Hier muß man seine Bretter beherrschen, wenn man kein „Kleinholz" machen will. Hier hats wieder ein Proviant-Magazin. Auch meine Freunde aus Frankreich treffe ich hier wieder. Aktse liegt westlich vom Sarek-Nationalpark. Von hier hat man einen Einblick in den Sarek-Nationalpark mit seinen 2000 Meter hohen Bergen. Es ist eines der schönsten Bilder im hohen Norden. Der Weg führt weiter über einen zugefrorenen See. Dies ist immer noch der Kungsleden. Im Sommer werden die Touristen über den See gerudert. Meist sind es Samen, die das gegen Entgeld durchführen.

Ich bin mittlerweile so weit nach Süden gekommen, daß der Wald in Abisko aus Krüppel-Birken bestehend, hier schon echte Kiefern sind. Im Sommer verläuft ja der Pfad über Land. Da sind die Bäume ausreichend gekennzeichnet. Aber im Winter verläuft er über den See. Hier sehe ich keine Hinweisschilder. Ich komme echt ins Schwitzen. Die Karte zeigt mir nur den Weg über den Höhenzug. Krampfhaft versuche ich mir den Verlauf des Weges von vor sieben Jahren in Erinnerung zu bringen. Es liegen viele Spuren. Ich brauche lange, bis ich aus den vielen die Richtige erkenne. In der Not hätte ich auch ein Samen-Iglu zur Übernachtung benutzt, das ich auf der Strecke gesichtet habe. Nach 15 Kilometern treffe ich einen Schweden in einer Bucht beim Eis-Angeln. Er bestätigt mir, daß ich mich auf dem richtigen Weg nach Kvikkjokk befinde. Mein nächstes Ziel ist die Partetugorna-Hütte. Das sind nochmal 20 Kilometer. In Kvikkjokk angekommen, habe ich ein Tagespensum von 40 Kilometern. Um 18.00 Uhr treffe ich dort ein. Auch hier ist eine neue Touristenstation mit fünfzehn dazugehörigen Hütten gebaut worden. Das Wahrzeichen des Ortes ist eine Stabkirche mit einem hohen Glockenturm aus Holz. Der Königsweg verläuft weiter in Richtung Süden. Nun will ich weiter in den Padjelanta- und in den Sarek-Nationalpark. Also in Richtung Nord-West.

Ich betrete hier Neuland. Das hat für mich seinen besonderen Reiz. Mein Plan ist, über Nujes, Tarrekaise und Sommerlappa nach Staloluokta zu laufen. Von hier will ich weiter nach Fauske in Norwegen. Von da mit der Eisenbahn in die Heimat. Wenn mir das gelingt, dann habe ich den großen Umweg über Kiruna und Narvik gespart.

In der Touristenstation muß ich mein Ziel, den Streckenverlauf und meine Personalien hinterlassen. Nach zwei Tagen wird telefonisch nachgefragt, ob die Gruppe das Ziel erreicht hat. Es sollte ein kleines Abenteuer werden. Über einen zugefrorenen Flußlauf, dann durch schöne Kiefernwälder, verläuft die Loipe nach Nunjes. Nach Sommerlappa laufe ich aber durch, nachdem ich mich in Nunjes gestärkt habe. Eifrig und genau studiere ich die Karte. Die Verpflegung wird ergänzt. Die Strecke verläuft immer wieder über Seen, rechts und links eingerahmt von hohen Bergen. Bis an die Grenze des Nationalparks dürfen die Skoder fahren, was zugleich auch für die Langläufer die Spur bildet. Große Ren-Herden treffe ich hier an. Ein großes Schild zeigt den Nationalpark an. Für mich ist jetzt keine Spur mehr zu sehen. Drei Schweden sind einen Tag zuvor auch von Kvikkjokk gestartet. deren Spur ist fast vom Winde verweht. Über meinen Mut, hier weiter zu laufen, muß ich mich selbst wundern. Wenn ich keine Orientierung mehr habe, kann ich notfalls in meiner eigenen Spur zurück laufen. Das gibt mir das erforderliche Sicherheitsgefühl, was man unbedingt braucht, wenn man so alleine in diesen kalten Zonen wandert. Also weiter. Schemenhaft liegt die Spur der drei Schweden vor mir und schemenhaft tauchen in der Ferne die Hütten von Tarreloupal auf.

Um 19.00 Uhr komme ich dort an. Ich werde von den drei Schweden regelrecht empfangen. Der Rucksack und die Ski werden mir abgenommen und verstaut. Ich muß mich setzen und werde von ihnen verpflegt. Einer von ihnen spricht gut deutsch. Es gibt viel zu erzählen. Wie immer, woher und wohin. Sie sind auch um die sechzig Jahre alt, wie ich. Sie sind gut ausgerüstet und erfahrene Läufer. Jeder von ihnen hat den Wasa-Lauf gelaufen. Zufriedenstellend hat sich meine Situation entwickelt. Gegen 22.00 Uhr fällt Schnee.

Zur nächsten Hütte geht es auf 1000 Meter Höhe mit einem steilen Anstieg. Da wollen die drei Herren morgen doch nicht weiter. Nur bei offenem Wetter kann man auf diesem Sarek-Hochplateau weiter nach Staloluotka laufen. So ist mein Plan auch am wanken. Aber am nächsten Morgen verzieht sich der Morgendunst und die herrliche Winterlandschaft strahlt im Sonnenschein. Gerne wäre ich mit ihnen weiter gelaufen. Ich konnte sie aber trotz des schönen Wetters nicht umstimmen. Sie also zurück und ich weiter über die Tuotarr-Hütte nach Staloluokta. Jetzt kommt die Überraschung für mich. Ihre Sorge um mich ist so groß, daß sie mir „nach gemeinsamen Beschluß" eine genaue Landkarte, einen Kompass und Verpflegung für mehrere Tage schenken. Ich filme die Kameraden noch, dann trennen sich unsere Wege. Der Anstieg ist leicht getan. Als ich oben bin, sehe ich zurück im Tal drei kleine Punkte in der Winterlandschaft verschwinden. Aber nach vorne sehe ich eine weiße Hochfläche in ihrer Pracht. Umrahmt von 2000 Meter hohen Sarek-Bergen. Diese Berge haben nichts gemein mit unseren Bergen in den Alpen. Ihre Spitzen sind alle abgerundet und fügen sich harmonisch in die Landschaft ein. Aber ich suche und suche die Toutarr-Hütte. Meine Karte und den Kompass nehme ich zur Hand und Hilfe. Ich laufe eine Stunde umher. Sie kann nicht weit von meinem Standort sein. Dann fasse ich den Entschluß, umzukehren. Ich will kein Risiko eingehen. Die wunderbare Natur habe

Die Loipe führt durch alte, knorrige Kiefernwälder

ich hier oben gesehen. So habe ich einen Grund, die unbewältigten Kilometer im nächsten Jahr mit meinen schwedischen Freunden bis Staloluotka zu laufen. Zu meiner Hütte laufe ich zurück. Hier verpflege ich mich und laufe weiter bis Sommerlappa. Dort treffe ich meine Freunde wieder. Mit dem Hüttenwart sind alle froh, daß ich umgekehrt bin. Über Kvikkjokk, Jokkmokk, Gälivare, Kiruna und Narvik rolle ich die lange Strecke bis Brühl. Pünktlich bin ich zum Osterfest 1983 in der Heimat.

Im Januar 1984 kann ich nicht nach Norden. Mit meinem Radtouristik-Verein machen wir eine große Touristik-Tour. Da ist für mich in den Monaten März bis April hartes Training angesagt.

1985 kann ich diese Monate wieder für eine Nordland-Tour verwenden. Meine Planung läuft darauf hinaus, das Mittel-Gebirge in Schweden zu durchlaufen. Die Landkarte studiere ich und fahre am 12. 3. 1985 mit dem Auto bis Gagnef bei Mora. Weiter mit dem Bus nach Grövelsjön. Es ist der Ausgangspunkt für meine Touren in Mittel-Schweden. Eine sehr moderne Gebirgsstation vom schwedischen Touristen-Verband steht hier. Zwei Tage bleibe ich hier, um mich zu orientieren. Ist ja ein feiner Laden hier, finde ich. Abends sind da im großen Speisesaal Folklore- und Tanzveranstaltungen. Die Musik dazu ist ein echter Nordland-Ohrwurm. Anschluß finde ich hier reichlich. Es sind viele Deutsche da, die mit einer Schwedin verheiratet sind. So Typen wie ich, die von Hütte zu Hütte laufen, hat's nicht viel. Da trifft man Chef-Sekretärinnen aus Göteborg, so 63 Jahre. Laufen hier in gepflegten Loipen und kommen alle Jahre wieder. Nein, hier will ich nicht bleiben. Also ab nach Hävlingen, 18 Kilometer. Es ist eine Domäne-Hütte. Ich bin allein in der Hütte. Es fällt viel Schnee. Am nächsten Tag laufe ich weiter nach Rogenstugan, 23 Kilometer. Hier merke ich den Unterschied zu dem nördlichen Lappland. Die Loipe führt über zugefrorene Seen, durch alte, knorrige Kiefernwälder. Es ist ein Naturschutzgebiet. Auf dem Wege komme ich auch an Nothütten vorbei. Sie sind gut eingerichtet und mit Holz für die Feuerstelle versorgt. Gut laufe ich über den Rogensee und komme in der Rogenstugan-Hütte an. Auch hier bin ich wieder alleine. Nur der Hüttenwart kommt am Abend irgendwo her und kassiert. Weiter laufe ich nach Stegbrogstugan 25 Kilometer. Die Hütte verwaltet eine Frau, sie spricht deutsch. Mittlerweile liegt ein strahlend blauer Himmel über dem Land. Hier finde ich eine Landschaft wie im Bilderbuch vor. In der Ferne stehen die hohen schneebedeckten Berge und strahlen in der Sonne wie eine Kulisse. Hier bin ich vier Tage geblieben.

Nachts ist es bis zu 24 Grad kalt und am Himmel erscheint das Nordlicht. Bis zu den Ren-Herden und auch zu den Moschusochsen sind wir gelaufen. Die

Die Nothütte

Moschusochsen überwintern in der strengsten nordischen Kälte immer oben auf den höchsten Bergen. Das ist für mich unvorstellbar.

Inzwischen hat sich mein Proviant stark dezimiert. Also ein Grund für weiter. Am Sonntag, dem 17. 3. laufe ich die Strecke zur Probe ohne Rucksack. Hin und zurück so 30 Kilometer. Ohne Essen und Verpflegung. Das ist auch wieder so ein Ding von mir. Eine Steigung von 40 Prozent ist in dem Berg. In der Hütte zurück, trinke ich warm und kalt durcheinander. Das hat zur Folge, daß ich am nächsten Tag den Durchfall habe. Der gleiche Fehler mit Folgen, wie vor zwei Jahren in Sälka. Dann ist die Kraft weg. Ich muß aber weiter. Jetzt mit dem Rucksack und diese Steigung überwinden. Bis an den Berg laufe ich. Es ist aber schon mehr ein Taumeln. Eine kurze Rast gönne ich mir. In dieser Zeit stopfe ich mir den Mund voll mit Müsli und Wurststückchen. Langsam steige ich auf. Dabei kaue ich an diesem Mundproviant und merke, daß ich langsam zu Kräften komme. Das habe ich schon oft in solchen Situationen mit Erfolg angewendet. In Tänndalen komme ich an und suche mir ein Quartier. Hier kaufe ich für die weitere Tour ein. Ein kleiner geräucherter Renschinken ist auch dabei. Für mich ist das eine Delikatesse.

Am nächsten Tag laufe ich nach Klinken. Das Wetter hat sich verschlechtert. Nebel, Schnee und Wind bläst mir in den Rücken. In Klinken komme ich an, mache die Hüttentür auf und vor mir steht der Hüttenwart von Saltoluokta von der Tour vor zwei Jahren. Ein prima Kerl. Die Überraschung ist groß. Aber auch die Freude. Wie üblich, woher und wohin. Ich sage ihm, ich laufe nach Norden und will Mittel-Schweden kennenlernen. Du kommst gerade richtig, sagt er zu mir. Nanu denke ich, was soll das? Da zeigt er in ein großes Schlafzimmer. Das hat er schon mollig warm gemacht. Da kommen gleich acht schöne, junge Schwedinnen hinein, so von 17 – 25 Jahren und die sollst du betreuen. Ein Schelm lugte schon immer aus ihm heraus. Zunächst denke ich an einen Scherz. Dann zeigt er mir schriftlich die Voranmeldung der Gruppe. Es handelt sich hier um eine Gruppe von Drogen-Abhängigen. Solch eine Tour gehört zur Therapie und wird jährlich durchgeführt. Die Führung hat eine Leiterin von 25 Jahren mit zwei Lehrlingen. Dann spricht er, du machst ja die Tour nach oben und nimmst sie mit. Ich denke, warum nicht, dann bist du nicht so alleine. Es wird 17,00 Uhr, 18.00 Uhr, sie kommen noch nicht. Lauf ihnen entgegen, sagt er. Ich laufe bis Ramundsberget. So lerne ich auch das kennen. Ich muß schon sagen, dort ist alles fein bis aufs feinste. Da stehen große Wohnhütten, die sind ganz aus hellem Kiefernholz. So etwas habe ich auch noch nicht gesehen. Auch ein großes Hotel steht im Ort. Mittlerweile ist es dunkel geworden. Die Damen finde ich nicht. Nun bekomme ich doch einen Bammel. Sechs Kilometer sind es nur bis zur Hütte zurück. Die

Loipe ist wohl gut gespurt, aber so genau kenne ich die Strecke im Dunkeln auch nicht. Im Ort setzte ich meine Füße an einer hellen Stelle in die Loipe und laufe los. Einige markante Punkte habe ich mir eingeprägt.

Ich finde zurück und die Damen sind schon da. Sie sind halt auf der anderen Seite vom See zur Hütte gelaufen. Nach der Begrüßung kann ich nicht sagen, wer von ihnen abhängig ist. Am nächsten Morgen ist das Wettwe schlecht. Nebel und starker Wind weht auf der Höhe der Strecke. Weil wir den Wind im Rücken haben, wagen wir den Trip. Wir sind neun Personen. Ich denke, mach du mal das Schlußlicht. Sie sind alle gut ausgerüstet. Die Leiterin stürmt vorne weg. Zunächst geht es aus dem Tal steil auf die Höhe. Oben angekommen, sehen wir, was uns blüht. Hier herrscht nur 50–100 Meter Sicht mit stürmischen Winden im Rücken. Nach drei Kilometern, oben, müssen wir halten. Die Leiterin hat wohl beim Anstieg ein Brett zu sehr quer gestellt und durchgetreten. Sie ist eine schwere Person. Mit Riemen stabilisiere ich die Bruchstelle. Nun trete ich die Führung an. Sie geht ans Ende der Gruppe. Dann läuft sie in einer getretenen Loipe. Von Kilometer zu Kilometer „arbeiten" wir uns in Richtung der Hütte Fältjägarn-Stugan vor. Das Brett wird immer schlimmer und die Mädels immer unruhiger. Einer gebe ich meine Handschuhe. Sie ist fast am weinen. Eine andere hat einen Krampf in der Schulter. Da muß ich sie massieren. Dann sehen wir im Dunst auf der Höhe die Hütte. Alle sind stolz, daß wir es geschafft haben. Sie steht auf der Höhe völlg frei im Gelände. Sie ist an einer Stelle gebaut worden, wo drei schwedische Soldaten im Winter 1945 erfroren sind. Daher der Name „Fältjägern" zur Errinerung an das Geschehen. Wir genießen alle die Stunden in der warmen Hütte.

Am nächsten Morgen haben wir das gleiche Wetter. Nur mit dem Rückenwind laufen wir weiter. Uns lockt ja auch die schöne neue Gebirgsstation. Besonders auch die neue Sauna. Noch 15 Kilometer haben wir vor uns. Aber schon nach 4 Kilometern heißt es halt. Das Bandeisen hat sich an der hinteren Schraube gelöst. Da stehst du in der Wildnis, und acht nette Mädels schauen dich an und erwarten Abhilfe. Was wird er jetzt machen? Um einen Löffel bitte ich, um ihn als Schraubenzieher zu verwenden. Stattdessen kramt doch eine einen richtigen Schraubenzieher heraus. Alle acht stelle ich in einen Halbkreis mit dem Rücken zum Wind und repariere die defekte Stelle. Dabei stecke ich vier Streichhölzer in das ausgeleierte Schraubloch. Damit hat sie wieder Führung. Aber das wiederholt sich noch zweimal. Auf den letzten 5 Kilometern geht die Loipe steil hoch. Je höher wir kommen, desto dichter wird der Nebel. Es wird hart, alle beißen auf die Zähne. Auf der Höhe müssen wir die einzelnen Orientierungsstangen suchen. Sie sind alle vom Schnee zugeschneit. Jetzt bricht auch noch die ganze

Das Wirtschaftswunder   Epoche: 1949–1988

Bindung auseinander. Sie läuft jetzt auf einem Ski weiter. Weit kann es zur Hütte nicht mehr sein. Man sieht ja nichts. Nach 3 Kilometern sehen wir schemenhaft die Konturen der Bergstation. In der Rezeption bei einem warmen Kaffee löst sich alle Spannung. Von den Strapazen gönnen wir uns zwei Tage Aufenthalt hier. Die Gruppe muß die Strecke wieder zurücklaufen. Ich aber will zu neuen „Ufern". Der Abschied ist herzlich, wie unter echten Freunden. Ich kann das Erlebte nicht vergessen, sie wohl auch nicht.

Ich laufe weiter nach Sylarna, 21 Kilometer. Vorbei an dem südlichsten Gletscher Schwedens. Das Wetter ist nicht ideal. Es war in der Gruppe doch schöner. Sylarna ist ein modernes Gebirgs-Hotel. Ein Fuchs streicht auch hier umher und wird von dem Bedienungspersonal gefüttert. Hier hat das Gebirge alpinen Charakter. Sogar ein kleines Matterhorn hat es hier. Auf einmal ist die Luft raus. Eine Steigerung ist für mich nicht möglich. Zumal Ostern naht. Da möchte ich zu Hause sein. Die Bretter drehe ich also um, und mache mich langsam auf den Heimweg. In Ljungdalen mache ich noch einmal Station. Am nächsten Tag fahre ich mit Bus und Eisenbahn zu meinem Wagen in Gagnef. Hier mußte ich erst meinen Wagen vom Schnee freischaufeln. Es hat hier in den letzten Tagen viel geschneit. Die Heimfahrt gestaltete sich schwierig. Mit Glück und Umsicht bin ich heil in meiner Heimat angekommen.

Das Wirtschaftswunder hat sich im Land voll entfaltet. Damit läßt sich gut leben. Es hat aber auch seine Schattenseiten. Hektik und Streß sind die Begleiterscheinungen. Ab und zu vernimmt man ein Stöhnen im Konzert der Zeit. Als Pensionär habe ich viel Zeit und kann oft weite Touren mit dem Rad machen. Das ist für mich eine Herauforderung, der ich gerne nachkomme. Im Sommer ist das Rad mein Sportgerät, womit ich mir meine Träume erfülle. Zur Sicherheit lasse ich mir ein EKG machen. Der Arzt kann mich beruhigen und sagt mir, Ewald, du hast ein Herz wie ein Zwanzigjähriger. Das beeindruckt mich sehr und ich bin stolz darauf.

Die Partnerstädte stehen bei der Verbrüderung Europas hoch im Kurs. Alle wollen mit einer Aktion für die Völkerverständigung beitragen. Mit meinem Radsportverein habe ich die Partnerstädte meiner Stadt in England und Frankreich schon besucht. Nach diesen beiden Aktionen reizt es mich, meine dritte Partnerstadt Wolgograd mit dem Rad zu besuchen. Das ist eigentlich eine unmögliche Idee. Sie wurde geboren im Winter 1988/89 auf einer Ski-Langlauf-Tour im Polarkreis in Schweden. Daß ich auch den Mut dazu habe, beruht auf meiner Erfahrung, die ich auf vielen Touren im hohen Norden gemacht habe. Alleine auf mich gestellt, habe ich oft schwierige Situationen gemeistert.

Was aus dieser Idee wird, lesen sie im Teil III meiner Memoiren.

Vom Rhein an die Wolga

**1. Fahrt
vom 19. 7. bis
16. 8. 1989**

Teil III
Epoche: 1989 – 1990

Vom Rhein an die Wolga, 1989
1. Versuch im Zeichen der Perestroika

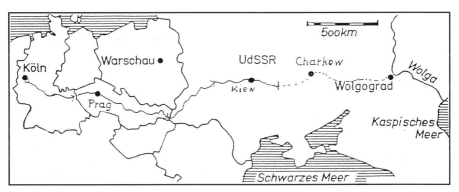

Die Route: Köln – Prag – Lvov – Kiew. 1. Fahrt vom 19. 7. 1989 – 16. 8. 1989
2.500 km

Eine Reise mit dem Fahrrad von 2500 Kilometern in die historische Vergangenheit bis

Kiew

Im November 1988 erschien ein Artikel im Kölner Stadtanzeiger: „Partnerschafts-Feier zwischen den Städten Köln-Wolgograd-Indianapolis am 29. November 1988 im historischen Rathaus in Köln." Diese Meldung zündete sofort bei mir. Da mußt du hin, da mußt du dabei sein. „Damals" war ich auch dabei. Ich glaubte schon immer an eine Versöhnung. Daß nun ausgerechnet Wolgograd mit Köln diese Idee verwirklichte, war so recht nach meinem Geschmack. Im Winter 1988/89 war ich wieder im Schwedischen Lappland. Ich spurte da meine Kilometer mit den Langlaufbrettern von Hütte zu Hütte ab. Bei solchen Touren bekommt man saubere Ideen. So auch diese, ich könnte doch mit dem Fahrrad zur 400-Jahr-Feier nach Wolgograd fahren. Das sei wohl ein würdiger Beitrag zur Partnerschaft, für Friede und Freundschaft. Dazu benötigte ich eine Einladung aus Wolgograd. Sie wurde von meiner Partnerstadt Köln angefordert. Mit Befriedigung wurde die Idee von Herrn Oberbürgermeister Ju. F. Starovatykh aufgenommen und die Einladung sofort nach hier übersandt. Alle Vorbereitungen wurden nun getroffen. Meine Rennmaschine wurde von einem Spezialisten für diese Tour zu einer Tourenmaschine umgebaut. Schon jetzt sorgten die Medien für den entsprechenden Rummel.

19. 7. Mittwoch: Start nach Bad Marienberg, BRD, 120 Kilometer

Mit einem komischen Gefühl im Magen schwinge ich mich auf mein Rad, winke allen, biege um die Ecke und weg bin ich. Nun bin ich für mich alleine. Das ist für mich nichts Neues. Die Strecke verläuft über Bonn, Altenkirchen und Hachenburg. Im Westerwald kann ich das Fahrverhalten meiner Maschine testen. Mit dem Gepäck rollt es sehr gut. Die Spezialreifen schlucken viele Unebenheiten der Straße. Die Berge werden mit meinen 14 Gängen gut fahrbar geschaltet. Vor Bad Marienberg muß ich eine acht Kilometer lange Steigung von acht Prozent fahren. Wir nennen das einen Hammer. Mit dem 26er Zahnkranz hinten komme ich sehr gut hoch. Es läuft auf der ersten Etappe so, wie ich es mir gewünscht habe. Da können die Beskiden kommen, auch die Karpaten. Die sind keine gefürchteten Hindernisse mehr. Auch das Wetter ist zum Einrollen gut. Das frisch geschnittene Gras auf den Wiesen duftet stark. Bei einer Fahrt mit dem Auto

19. 7. 1989: ... schwinge ich mich auf mein Rad, winke allen, biege um die Ecke und weg bin ich.

kann man das ja eh nicht riechen. Auch der Fahrtwind bei einer Talfahrt, wer kennt das Gefühl noch. Bei meiner Ankunft sind die ersten 120 Kilometer gefahren. ich habe gut gegessen und zufrieden lege ich mich schlafen.

20. 7. Donnerstag: Das Ziel war Schotten, BRD, 150 Kilometer

Von hoch oben in Bad Marienberg hat man den Westerwald zu seinen Füßen liegen. Die Landschaft ist von der Sonne ausgelichtet. Es ist ein schönes Bild. Mein Kurs verläuft gegen Osten. So frei durch dieses land zu fahren ist ein schönes Gefühl. Über Wetzlar, Gießen geht es nach Schotten. Auf dieser Strecke sind nicht so viele Berge. Darum kann ich auch die 150 Kilometer heute fahren. Viele Waldstraßen mit wenig Verkehr, treffe ich hier an. Der Abend wird beim Bier würdig gestaltet. Für den nächsten Tag wird die Karte wieder studiert und das Tagesziel festgesetzt.

21. 7. Freitag: Start nach Bad Brückenau, BRD, 120 Kilometer

Das Wetter ist wieder gut. Berg- und Talfahrten wechseln sich ab. Ein gutes Quartier finde ich hier in der Jugendherberge. Nachdem ich alles versorgt habe, gehe ich in die Stadt. In einem Wirtshaus habe ich gut gegessen und getrunken. Der Durst war ja da und das Bier sehr gut. Bad Brückenau ist ein Kleinod in einem Talkessel, von Buchenwäldern umgeben.

22. 7. Samstag: Auf nach Staffelstein, BRD, 150 Kilometer

Das Rad und ich, wir beide fahren optimal. Ja, ich muß uns beide loben. In Aidhausen juckt es mich auf einmal. Heute spielt doch so gegen 15.00 Uhr der Boris Becker gegen den Agassi in Wimbledon. Ich setzte mich auf eine Mauer. Meinen neuen Weltempfänger nehme ich raus und schalte ein. Sofort habe ich das Spiel und kann mir die letzten fünf Minuten anhören. Das ist für mich eine Befriedigung, fern der Heimat dabei zu sein. Ich fahre weiter in Richtung Staffelstein. Es liegt zwischen Coburg im Norden und Bamberg im Süden. Im Osten liegt Bayreuth in der fränkischen Schweiz. Ich nähere mich Staffelstein. Bevor ich es erblicke, muß ich einen steilen Berg mit vielen Serpentinen überwinden. Aber dann, sehe ich etwas, das beeindruckt mich sehr. Eine riesige Senke liegt da unten vor mir. Zu meiner Linken erhebt sich ein großes Kloster. Gegenüber noch eins. Dazwischen stehen die 17 Heiligen. Das sind Türme. Das liegt alles friedlich zu meinen Füßen. 150 Kilometer habe ich heute gefahren. Nun habe ich Hunger. In Staffelstein steige ich vom Rad und suche mir ein kleines Hotel. Zum Essen nehme ich das teuerste von der Speisekarte. Es ist Putenkeule mit Klößen und Gemüse für 10,50 DM. Hier ist ein kleines, preiswertes und schönes Schlemmerland. Auch ein Solbad hat die Stadt.

23. 7. Sonntag: Weiter nach Bayreuth, BRD, 70 Kilometer

Bei schönem Wetter und einem guten Frühstück fahre ich zunächst bis Kulmbach. Es wird schwül. Hunger und Durst haben sich schon eingestellt. Für beides ist Kulmbach ja bekannt. Vor einer Brauerei-Gaststätte wird gut gegessen und getrunken. Weiter fahre ich bis Bayreuth. Die suche nach der Unterkunft war schon immer eine schwierige Sache. Auch hier wieder. Mit dem Augenblick, wo ich die Herberge gefunden habe und das Rad in den Vorraum abgestellt habe, geht ein Unwetter mit Blitz und Donner los. Da ist der Tag um 15.00 Uhr für heute gelaufen. Mein Soll ist ja erfüllt. Ich habe wieder Glück gehabt.

24. 7. Montag: Start an der Grenze nach Schirnding, BRD, 70 Kilometer

Es wird eine gute Fahrt bei schönem Wetter. Ich pirsche mich langsam an die Grenze zur CSSR heran. Mit etwas Vorsicht nähere ich mich ihr. Es ist halt für mich noch unbekanntes Land. Die Berge habe ich mir im Fichtelgebirge schwieriger vorgestellt. Die Jugendherberge liegt im Nachbarort Hohenberg. Sie ist in einer sehr gut renovierten Burg untergebracht. Ich melde mich an. Als der Herbergsvater von meinem Vorhaben hört, ist er begeistert davon. Ich käme gerade heute richtig. Denn heute Abend feierten ca. 40 Ungarn Abschied aus Deutschland. Die Presse sei auch da und ich möchte mich doch für eine Reportage zur Verfügung stellen. Aber das ist noch nicht alles. Der Rundfunk in Hof wird benachrichtigt. Per Telefon wird eine 15 minütige Reportage über mein Vorhaben aufgenommen.

25. 7. Dienstag: Grenzübertritt zur CSSR nach Karlsbad, 70 Kilometer

Die Formalitäten brauchen Zeit. Geld tausche ich ein. dann habe ich freie Fahrt. Meine Augen studieren alles, was sich bewegt und mir entgegenkommt. Schlaglöcher, fehlende Kanaldeckel usw. kommen mir nun ständig entgegen. Einmal nicht aufgepaßt würde reichen. Das wird aber im Inneren des Landes besser. Da sind sehr gute Straßen. Zunächst fahre ich durch ein Braunkohlengebiet. Die Rekultivierung und Aufforstung wird wohl noch nachgeholt. So sieht es nicht schön aus. Wie das gemacht wird, habe ich zu Hause vor der Haustür. Ich fahre durch Eger. Eine Stadt, schmuck- und farblos heute. Es überfällt mich ein trauriges Gefühl. Es ist das Grenzgebiet, das ehemalige Sudetenland. So erreiche ich Karlsbad. Die Jugendherberge suche ich. Jetzt muß ich alle Register ziehen, um sie zu finden. Zum Glück finde ich gleich jemand. Er war Deutscher, in Karlsbad geboren. Er sagt mir den Weg. Sie liegt 5 Kilometer außerhalb der Stadt. Auf der Fahrt dorthin kann ich ahnen, welche Pracht Karlsbad gehabt hat. In einem langen Tal liegt die Stadt. Die Bäder und Hotels reihen sich aneinander. Preiswerte Unterkunft und gutes Essen bekomme ich in meiner Jugenherberge. Es ist eine internationale 1.-Klasse-Jugendherberge. Viele Reisegruppen aus den Ostblockstaaten treffe ich hier.

26. 7. Mittwoch:: Weiter nach Prag, CSSR, 160 Kilometer

Ich fahre nochmals durch das Bädertal zurück. Es ist schon eine Reise wert dorthin. Mal schauen. Bevor ich die Richtung Prag einschlage, muß ich erst einen Aufstieg von sieben Kilometern, mit zehn Prozent Steigung überwinden. Ich steige nicht aus dem Sattel. Da bin ich stolz darauf. Es rollt gut. Nach 140 Kilometer kommt ein Gewitter mit Regen auf. Nach einer Stunde geht es weiter. Um 19.30 Uhr bin ich am Stadtrand. Nun beginnt hier die Suche nach der Jugendherberge. Das wird ein Drama. Zwei Stunden habe ich gesucht. Die hohen Bordsteinkanten und das grobe Pflaster machen mir Schwierigkeiten mit meinem Rad. Durch das viele Fragen komme ich auch nicht weiter. Bis an die Moldau habe ich mich durchgeschlagen. Ich sehe das Exklusiv-Panorama mit dem beleuchteten Hradschin. Ein flüchtiger Blick darauf ist mir vergönnt. Donnerwetter, denke ich, auch das ist eine Reise wert. Kurz vor 22.00 Uhr bin ich an der fraglichen Herberge. Das Licht brennt, es ist aber zu. Gegenüber liegt ein Hotel. Das ist meine letzte Hoffnung. Durch das anstrengende Suchen bin ich fix und fertig. Die Damen begreifen meine Lage. Ich bekomme das Zimmer Nr. 216 im zweiten Stock. Gut, aber wohin mit dem Rad? Das nehmen Sie auf ihr Zimmer mit. Ja, aber wie? „Mit dem Aufzug", ist die Antwort. Nun ist das ein kleiner Aufzug. Schnell überlege ich. Mit dem Schnellverschluß nehme ich das Vorderrad raus. Das Rad nehme ich hochkantig in den Aufzug. Ein Knopfdruck und ich bin oben. Meine größte Sorge bin ich los. Nun kann ich ruhig schlafen. Prag hat mich Nerven gekostet. Ich lege mein müdes Haupt in die teuren Kissen. Um 2.00 Uhr werde ich aus dem Schlaf gerissen. Glas klirrt. Jetzt werfen sie denen die Fensterscheiben ein. Wo bist du hier gelandet, denke ich. Das wiederholt sich noch zweimal. Richtig schlafen kann ich nachher nicht mehr. Was war geschehen?. Man hatte nur die leeren Weinflaschen in den Container geworfen.

27. 7. Donnerstag: Start nach Sec, CSSR, 100 Kilometer

Nach Prüfung der Karte habe ich mich für diesen Ort entschieden. Eine Jugendherberge ist dort ausgewiesen. Es wurde eine anstrengende Fahrt. Aber auf der Tour eine der schönsten Etappen. Ein Stausee mit einem großen Campingplatz liegt hier oben. Die Jugendherberge finde ich. Sie ist aber besetzt. Was mache ich nun? Ich fahre zur Rezeption auf den Campingplatz. Dort residiert Vladimir mit seinem Vertreter Josef. Zwei würdige Vertreter dieses Landes. Nach kurzer Begrüßung, woher und wie hierher gekommen, zeige ich auf mein Rad draußen.

Von Köln, also von Westdeutschland. Sein Gesicht wird heller. Wie alt ich denn sei, fragt er weiter. Mit 71 ist er nicht einverstanden. Ob er sich verhört hätte? Mein Pass muß die Altersangabe bestätigen. Er verdreht die Augen und schlägt die Hände über dem Kopf zusammen. Dann ruft er seinen Adjudanten Josef. Der kann das auch nicht verdauen. Dann murmeln sie etwas zusammen. Vladimir greift dann in ein Schubfach und holt einen Schlüssel heraus. Er winkt mir. Wir gehen aus dem Raum. Nebenan ist eine Tür. Er schließt auf. Eine Liege mit zwei Decken wird herein gestellt, dazu das Fahrrad und er gibt mir den Schlüssel. Alles ohne viel Worte. Dann werde ich zum Essen eingeladen. In dieser Zeit ruht der Publikumsverkehr. Er deutet an, daß ich sein Gast sei. Er macht sich für den Feierabend fertig. Verteter Josef ist schon auf seinem Posten. Josef ist ein pensionierter Studienrat. Beide leiten den Gemeinde-Campingplatz. Dann kommen wir auf den braven Soldaten Schwejk zu sprechen. Vladimir kann ihn genau schildern. Er spricht ja dessen Sprache. So ruhig und so weich. Ich muß ihm zuhören. Als Geschenk gebe ich ihm einen Solar-Taschenrechner. Er freut sich. Wir verabschieden uns. Wir würden uns wiedersehen. Nun bin ich mit Josef alleine. Da wird geredet, gefuttert und getrunken. Ich müßte unbedingt im nächsten Jahr wiederkommen, mit meiner Frau. Er bietet mir sein Ferienhaus an. Ich lege mich in später Stunde auf's Ohr. Wir sagen uns auf Wiedersehen. Aus Wolgograd möchte ich doch schreiben. Am nächsten Morgen gegen 6.00 Uhr klopft es an meiner Tür. Ich mache auf. Ein junges Mädchen steht da weinend vor der Tür. Es ist ja keiner da, außer mir. Sie zeigt mir den kleinen Finger. Er ist blau angelaufen. Ein Ring ist daran, er ist zu eng. Ich raus mit ihr. Die Bude abgeschlossen. Da höre ich die Müllmänner fahren. Wir laufen ihnen entgegen. Denen zeigen wir das Übel. Ich bekomme eine Zange, ein Druck und der Fimger ist gerettet.

28. 7. Freitag: Weiter nach Ölmütz, CSSR, 125 Kilometer

Es regnet etwas, als ich abfahre. Es hört aber bald wieder auf. Es rollt gut. Auf einer Autobahn-Straße fahre ich weiter nach Osten. Das ist hier erlaubt. Gegen 19.00 Uhr fahre ich von der Straße ab. Bis Ölmütz sind es noch 20 Kilometer. Man sagte mir, in Litovel, 3 Kilometer von hier sei ein Hotel. Nach vielen Fragen und Palaver habe ich es gefunden. Die Dame in der Rezeption muß ich erst über meinen besonderen Status informieren. Dann ist auch hier das Eis gebrochen. Die Formalitäten waren nur noch eine Formsache. Dann werde ich per Telefon weitergereicht. Es ist ein Mann, der spricht gut deutsch. Solch einen Tourist hätten sie noch nicht gehabt. Sie freuen sich und wünschen mir ein gutes Gelingen. Am nächsten Morgen kommt die Dame mit einem Körbchen Aprikosen. Ich möchte doch schreiben aus Wolgograd.

29. 7. Samstag: Weiter in Richtung Markow, CSSR, 120 Kilometer

Eine schöne, aber schwierige Etappe liegt vor mir. Da müssen Pässe in 1000 Meter Höhe bezwungen werden. Zunächst fahre ich an Ölmütz vorbei, das ich am Tage vorher nicht erreicht hatte. Gegen Osten werden die Straßen immer besser. Nun komme ich in den Bereich der Beskiden. Hier sind die höchsten Berge 1400 Meter hoch. Es ist ein ausgesprochenes Erholungsgebiet. Aus allen Ostblockstaaten sind hier Urlauber. Es gibt viele Hotels, Ferienhäuser, Campingplätze usw. Vor dem Hauptpaß mache ich halt. Ich will mir frühzeitig eine Unterkunft suchen. Im ersten Hotel bekam ich schon eine Absage. Da stehe ich nun und klage mein Leid. Ein Mann hört das: „Sie können bei mir schlafen." Damit bin ich sofort einverstanden und heilfroh. In ihrem Haus sei eine Austauschfamilie aus der DDR nicht angereist. Dies sei ein Ferien-Austausch zwischen der DDR und der CSSR. Was haben sie sich gefreut, mich zu beherbergen. Es kommt noch die Zeit und Gelegenheit, mich dafür zu bedanken.

30. 7. Sonntag: Weiter nach Martin, CSSR, 100 Kilometer

Am Anfang dieser Fahrt kommt der große Anstieg, um die Beskiden zu überwinden. Es war schon immer gut, nicht zu wissen, wieviele Kurven so ein Anstieg hat. So hat man den Glauben, die nächste Kurve sei auch die letzte. Schöne Straßen, wenig Verkehr und heller Sonnenschein. Im gewohnten Tritt fahre ich den Pass hoch. Oben angekommen, kann ich mich in einem schönen Ausflugslokal erholen. Es ist Sonntag und viele Touristen sind unterwegs. Dabei wird mein Rad von vielen Menschen begutachtet. Die Abfahrt ist lang, steil und kurvenreich. Ich bin froh, als ich unten ankomme. So nähere ich mich langsam Utschgorod und der UdSSR. Ich bin sehr zufrieden mit meiner Fahrkunst und meinem Tempo. Dabei werde ich nicht müde. Das ist für die vor mir liegende Strecke eine wertvolle Ehrfahrung. Die Verpflegung ist hier gut. Unterwegs kehre ich schon mal in ein Gasthaus ein. Oder ich kaufe mir in den Magazinen eine Krakauer Wurst und einen Liter Milch ein. Dann wird auf Radfahrer Art auf einer Bank gespeist. Es läuft gut an diesem Tag. 15 Kilometer bin ich über mein Tagesziel hinausgeschossen. Das erschwert mir die Suche nach einem warmen Bett. Dann sehe ich ein Hinweisschild zu einem Auto-Campingplatz. Eine kleine Hütte kann ich mieten. Darin ist es urgemütlich. Meinen kleinen Gaskocher vermisse ich hier auch sehr.

31. 7. Montag: Ziel Popgrad, CSSR, 100 Kilometer

Es sollte eine Fahrt mit Haken und Ösen werden. Es ging immer rauf und runter. Obwohl ich den Respkt vor den Bergen verloren hatte. Die werden immer mit dem entsprechenden Gang und Tempo genommen. Um 15.00 Uhr beginnt es zu regnen. Es ist der zweite Regen auf der Tour. Bis Popgrad komme ich nicht mehr. In einem Vorort mache ich durch viel Fragen ein Hotel ausfindig. Das ist meine Rettung. Im Regen sind wir Radfahrer schon arm dran. Nun beginnt wieder das übliche Hallo. Woher, wohin und wie alt. Nein, das kann keiner verstehen. Ich habe mich daran gewöhnt. Gut gegessen und gut geschlafen beginne ich die nächste Etappe.

1. 8. Dienstag: Start nach Kosice, CSSR, 110 Kilometer

Diese Strecke wird gleich schwer, wie am Tag vorher. Hier sehe ich die ersten Störche im Nest, im Flug und auf den Feldern. Ihre Nester bauen sie gleich an der Straße auf den Telefonmasten. Ich sehe sie auch in Gruppen hinter einem Pflug herlaufen. Es ist ein schöner Anblick. Ab 15.00 Uhr beginnt es wieder pünktlich zu regnen. Mit meiner großen Plastikplane decke ich das Gepäck wasserdicht ab. Ich selbst bin mit meiner Spezialkleidung gut abgedeckt. Es kann nicht immer Sonnenschein sein. Gegen 18.00 Uhr komme ich vor dem Hotel an. Das Fahrrad kommt wieder auf mein Zimmer. Das ist schon selbstverständlich. Erfrischt und gut gegessen halte ich anschließend Umschau. Vor dem Hotel standen einige Autobusse. Einer fiel mir auf, er war aus Wuppertal. Es dauert nicht lange, dann habe ich die Wuppertaler und die mich erkannt. Fotos werden gemacht. Es ist der Wuppertaler Partnerschaftsverein mit Kosice. Er besteht schon acht Jahre.

2. 8. Mittwoch: Start nach Utzgorod, UdSSR, 100 Kilometer

Mit großer Erwartung fahre ich an diesem Morgen los. Die zweite große Etappe hätte ich dann geschafft. Die dritte Etappe kann dann beginnen. Wie werde ich es an der Grenze antreffen? Welche Überraschungen kommen auf mich zu. Grübeln ist nicht meine Art. Also los. Hinter Kosice muß ich erst einen langen und steilen Berg überwinden. Dann habe ich freie Fahrt zur Grenze. Gegen 16.00 Uhr komme ich dort an. Man hatte mich seelisch und moralisch auf diesen Augenblick eingestimmt. Meine Augen suchen auch, aber sie finden nichts. Die Realität schwingt ihr Zepter, und wie. Von einer Begrüßung kann keine Rede sein. Mir wird es noch zum Heulen. Aber ich bin ja ich. $1^1/_2$ Stunden dauert der Aufenthalt. Formalitäten sind der Grund. Dann bekomme ich grünes Licht für mein Rad. Ich bin in der UdSSR. Ich nehme Kurs auf das Intourist-Hotel. Auf der Suche danach werde ich von zwei netten, jungen Russen unterstützt. Sie leiten mich bis an das Hotel. Ein älterer Portier hilft mit und ist sehr freundlich. Das hebt meine Stimmung. Das Hotel ist 1. Klasse. Das Rad kommt wieder auf das Zimmer. Am nächsten Morgen darf ich auch einen stolzen Preis dafür zahlen. Ich habe aber das Gefühl, nicht alle Hotels müssen so teuer sein. Das wird sich klären. Und ob.

3. 8. Donnerstag: Weiter Richtung Lvov, UdSSR, 247 Kilometer
Auf dieser Strecke muß ich die Karpaten überqueren. Die Pässe sind bis 900 Meter hoch. Eine Zwischenstation muß ich einlegen. Darüber bin ich mir im Klaren. Wann und wo, will ich dem Zufall überlassen. Ich denke, fahr so weit, wie es die Zeit erlaubt, damit du am nächsten Tag möglichst weit nach Lvov kommst. Für das Nachtquartier ist auch noch zu sorgen. Das ist schon insgesamt mehr als mutig. Ich hoffe halt auf das Glück. Hier in Rußland habe ich noch keine Erfahrung. Über den Pass muß ich heute noch kommen. Dann habe ich es morgen leichter. Langsam, aber stetig, rolle ich immer höher und höher. Es ist eine sehr schöne Strecke. Die hohen Karpaten-Berge von 15000 bis 2000 Meter Höhe rahmen die Straße ein. Gegen 19.00 Uhr habe ich die Passhöhe erreicht. Die Abfahrtstrecke war frisch geteert. Das fehlte noch. Der Splitt war sehr grobkörnig. Die Strecke steil und ich muß meine ganze Fahrkunst aufbieten, um heil nach unten zu kommen. Langsam rolle ich runter zum nächsten Ort. Was mußten doch die Reifen aushalten. An einer Polizeistation halte ich an. Ein Zivilist ist auch zufällig da. Ein Arzt aus dem Ort. Er spricht Englisch. Acht Kilometer weiter sei im Ort Selo Belasowitza ein Tourist-Camping. Ich bin ja hier in den Karpaten. Da sind ja auch Wanderer. Also auch Camping-Plätze. Es wird schon dunkel. Durch vieles Fragen stehe ich plötzlich davor. Ich fahre durch ein Tor und bin im Innenhof. Alles kann ich nicht mehr erkennen. Auf eine Gruppe von Leuten gehe ich zu. Es sind ein Hilfspolizist mit roter Armbinde und vier Männer. Einer spricht gut englisch. Zunächst woher, wohin. Mein ganzer Aufzug erregt Aufsehen. Als sie erkannt haben, was für ein Problem vor ihnen steht, kommt Bewegung in den Haufen. Sie seien aber auch nicht von hier, meine ich. Es sind Armenier aus dem Kaukasus. Erdbebengeschädigt und nach hier evakuiert. Ich erfasse sofort die Situation. Auch Menschen in Not. Sie sprechen nun mit dem Polizisten. Mein Rad wird genommen, durch den Flur getragen und vor einem Zimmer abgestellt. Wir gehen nun alle in das Zimmer. Da stehen drei Betten, ein Tisch, ein Schrank und sonstige Sachen. Hier leben drei Familien in dem Raum. Nun kommt auch noch mein Rad dazu. Ich bin sprachlos. Die Gesichter studiere ich. Das ist für alle selbstverständlich. Die Frauen kommen noch dazu. Jeder setzt sich, wo er kann. Auf dem kleinen Tisch liegen Köstlichkeiten aus dem Kaukasus. „Bitte greif zu", sagen sie. Die schönsten Sachen stehen da vor mir.

Derweil beginne ich meine Reise zu erzählen. Englisch spreche ich. Der Sprecher übersetzt ins Russische. Nein, das kann auch hier niemand einordnen, was ich erzähle. Mit dem Rad bis hierher und das mit 71 Jahren. Der Pass muß das bestätigen. Mein Auftauchen hier ist für sie ein aktuelles Erlebnis. Voll des Lobes sind sie alle über die deutsche Hilfe in ihrer Heimat. Sei es finanziell, sowie auch der Einsatz unserer technischen Hilfstruppen. Gegen 23.00 Uhr wird aufgebrochen. Ich bekomme ein Zimmer für mich. Das Rad kommt auch rein. So habe ich eine ruhige Nacht. Am nächsten Morgen gehen die Überraschungen weiter. Da steht doch der Hilfspolizist mit seinem Chef vor der Tür. Der hat Schlips und Kragen und einen guten Anzug an. Wohl zur Feier des Tages. Ein sehr netter junger Mann. er bittet mich freundlich in's Restaurant. Im Dunkeln hätte ich das alles nicht erkennen können. Es ist ein schöner, großer Saal. Nun wird mir aufgetischt. Von Allem und vom Feinsten. Zum Abschluß gehen wir in die Bar. Ein echter türkischer Mokka wird getrunken. Die Adressen werden ausgetauscht. Ich verteile noch Geschenke und verabschiede mich von Freunden.

4. 8. Freitag: Start nach Lvov, UdSSR, 130 Kilometer

An diesem Tag sollte ich nur bis Nikolajev kommen, 30 Kilometer vor Lvov. Nun ist es eine Abfahrt aus den Karpaten. Es rollt und rollt. Meine Augen nehmen alles auf. Viel gibt es zu sehen. Ich sitze ja auf einem Rad „in der vordersten Reihe". Das Land hat einen besonderen Charakter. Die Karpaten, davon hatte ich schon immer geträumt. Einmal mit dem Rad dadurch. Jetzt bin ich hier. So weit ich komme, will ich heute fahren. Den Wind habe ich im Rücken. Vor Nikolajev erkundige ich mich nach einem „Intourist-Hotel". Diese beiden Worte verstehen alle. „Da,da" bedeutet,dort ist ein Hotel. Von der Hauptstraße biege ich in den Ort ein. Schnell finde ich das Hotel. Es wurde auch Zeit. Eine junge Frau sitzt in der Rezeption. Sie ist von meinem Besuch nicht so recht angetan. Ihr Chef dafür um so mehr. Also nochmal oder wieder Glück gehabt. Hier kostet die Übernachtung nur 10 DM.

5. 8. Samstag: Über Lvov bis Busk, UdSSR, 70 Kilometer

Durch meinen Aufenthalt in Lvov ergab sich die geringe Fahrtleistung an diesem Tag. In Lvov wollte ich unbedingt eine Nachricht nach Hause per Telefon durchgeben. Auch wollte ich der Deutschen Welle, wie versprochen, meine erste Reportage durchsagen. Hörte ich doch jeden Abend ihre Nachrichten in meinem kleinen Weltempfänger. Bei der Einfahrt in die Stadt kam ich an einem Kaufladen vorbei. Ich rein. Margarine wurde angeboten. Damit könnte ich mein Knäckebrot bestreichen. Einen Liter Milch kaufte ich dazu. Ich verzehrte sofort einige Scheiben. Ich meldete zwei Gespräche nach Deutschland an. Die Dame bemühte sich. Nein, es müßte über Moskau angemeldet werden. Ich möchte zur Hauptpost um die Ecke gehen. Ein junger Ukrainer half mir. Er füllte in der Post einen Schein mit der Telefonnummer aus und gab ihn der Beamtin. Es würde drei Tage dauern. Da reichte es mir aber. Ich bedankte mich bei dem jungen Mann. Im Intourist-Hotel nahm ich noch ein Mittagessen ein. Dann ging es aber weiter. Auf dem Rad fühle ich mich noch am wohlsten. Habe ich doch die weite Strecke der Ukraine im Kopf. Die muß ich noch bewältigen. Nur eines finde ich nicht. Hatte man mir doch gesagt: „An jeder Ecke kannst du doch etwas kaufen." In den Städten ja. Aber zwischen den Städten liegen hunderte von Kilometern. Es gibt halt keine „Ecken". Wo aber welche sind, sind sie zu oder haben nichts in den Regalen. Viel Zeit habe ich schon durch das Suchen verloren. Ich versuchte nacher nichts mehr. Nach der Karte lag Busk auf meiner Strecke. Heute mußte ich wieder nach einer Unterkunft suchen. In Busk war wohl kein Intourist-Hotel. Nach einer guten Fahrt nähere ich mich dieser Stadt. Von der Umgehungsstaße fahre ich hinein. Meine Frage, ob hier ein Hotel sei, wurde mir mit einem „da, da" bestätigt. Auf meine Frage wieviele Kilometer, zeigte man mir zwei Finger. Das war mein üblicher Dialog in Bezug auf Orientierung. Es ist eine gefällige, kleine Stadt. Durch viel fragen stehe ich dann vor dem Mini-Hotel. Eine etwas ältere Dame steht vor dem Eingang. Ich gebe zu erkennen, daß ich für eine Nacht hier unterkommen möchte. Sie schüttelt nur mit dem Kopf. Eine Begründung gibt es nicht. Wie es der Zufall wollte, stehen drei Soldaten in ihrer Ausgeh-Uniform drei Meter daneben. Es ist Samstag, sie haben Ausgang. Sie hören sich diese Unterhaltung und Abweisung an. Dann kommen sie näher. Nach einer kurzen, aber energischen Aussprache ist meine Übernachtung gesichert. Mit einem „sspassiba" bedanke ich mich bei ihnen. Sie wichen an diesem Abend nicht mehr von meiner Seite.

Es wurde ein schöner Abend mit ihnen, der in meiner Errinerung bleiben wird. Es war schon kameradschaftlich zwischen uns. Das Rad wurde in einem abschließbaren Raum abgestellt. Nun wurde von ihnen geregelt, wo ich schlafe. Das war nunmal alles klar. Die ältere Dame war nun friedlich gesonnen. Nun ging es zum gemütlichen Teil über. Die Jungs hatten ja nicht jeden Tag so ein seltenes Exemplar in dieser Aufmachung und in ihrer Freizeit zu betreuen. Wir vier gingen nun in die Bar. In diesem Mini-Hotel gab es auch ein Restaurant mit einer Bar. Wir tranken nur Säfte. Da war Sasha aus Moskau. Er sprach englisch und war unser Dolmetscher. Roman kam aus Wladiwostok. Also von weit her. Vladislav kam aus Charkov. Eine gute Stunde haben wir über alle aktuellen Themen gesprochen. Wir hatten Übereinstimmung in allen Fragen. Die Realität drückte ihren Stempel auf. Um 20.30 Uhr wurde ich in das Restaurant gebeten.

Groß, schön und gemütlich eingerichtet. Sasha blieb bei mir. Die beiden anderen entfernten sich. Sie würden gleich wiederkommen. Dann speiste ich echt ukrainisch. Was sollte ich da noch sagen. In meiner Lage und dann so ein gedeckter Tisch. Ich glaube die ahnten, was ich unterwegs erlebte. Nach Land und Leuten lernte ich nun auch die kulinarischen Genüsse kennen. Wir gingen wieder runter in's Hotel. Vladislav und Roman fanden sich auch wieder ein. Vladislav brachte ein Buch. Alle drei verewigten sich darin in englisch:

> „For Ewald Endres, excelent man, making such good trip for good memory, from soldiers of Soviet Army in town Buske, Sasha, Roman, Vladislav, 5. 8. 89"

Roman brachte ein Verpflegungspaket mit Butter, Wurst und Schinken. Ich war tief gerührt. Vor ihnen mußte ich das alles mannbar tragen. So hatte ich mir unsere Vergangenheit schon vorgestellt. So stelle ich mir erst recht unsere gemeinsame Zukunft vor. Sie haben als erste das Zeichen gegeben, mir gegenüber. Das hat einen doppelten Stellenwert. Ich glaube, unserer Jugend wird es nicht schwerfallen, das Gleiche zu tun. Der Zapfenstreich rückte für sie immer näher und damit auch der Abschied. Kleine Geschenke gab ich allen Dreien. Mit einem Händedruck und einem sehr dankbaren Blick gingen wir auseinander. Jedem haben diese drei Stunden etwas gebracht. Schreiben, ja schreiben sollte ich ihnen aus Wolgograd.

6. 8. Sonntag: Ab nach Rovno, UdSSR, 120 Kilometer

Gut hatte ich in dieser Nacht geschlafen. Früh stand ich auf und wurde bei gutem Wetter auf die Strecke geschickt. Es rollt gut. Hatte ich doch neue Kräfte sammeln können. So war das Radeln in der Ukraine eine runde Sache. Zur rechten Zeit komme ich in Rovno an. Hier wieder ein Intourist-Hotel. Mein Rad kommt wieder auf das Zimmer. In der Nacht erlebe ich das erste Gewitter in Rußland. Das reinigt die Luft, denke ich. Auf die Toilette muß ich. Da merke ich, daß ich den Durchfall habe. Ich hatte mir in Lvov Margarine gekauft, die hatte einen Stich. Eß Knäckebrot und Müsli, das behebt den Schaden. Beim Frühstück mit einer DDR- Gruppe gibt mir ein Student Kohle- und Beruhigungstabletten.

7. 8. Montag: Ab nach Chitomir, UdSSR, 125 Kilometer

Diese 125 Kilometer sind die Kilometer einer Zwischenstation, ein Ort mit unbekanntem Namen. Darüber mehr. Bis Chitomir sind es 185 Kilometer. Das konnte ich an einem Tag nicht erreichen. Also wollte ich soweit fahren, daß ich am nächsten Tag über Chitomir bis Kiew komme. Diese Rechnung hatte ich aber ohne den Wirt gemacht. Dieser Wirt war mein Durchfall. Notfalls wollte ich eine

Nacht im Stroh schlafen. An der Staße standen reichlich Strohmieten zur Verfügung. In einigen Zeitabständen wurde es mir immer bedürftiger. Der Durchfall wurde immer stärker. Ich ahnte nichts Gutes. Wie sollte ich aber hier meinen Magen stabilisieren. Ich sah unterwegs keine Möglichkeit. Die Magazine hatten Derartiges nicht in den Regalen. Die Eßlokale hatten zu. Vor allem fehlten mir warme Speisen und Getränke. So war denn meine Flasche Wasser mit einer Vitamintablette meine Flüssigkeitsaufnahme pro Tag. Es sei denn, in einem Ort wurden Quas verkauft. Aber alles war kalt. Das half mir gegen den Durst, aber nicht für den Magen. Während der Fahrt kaute ich Knäckebrot und Müsli. Der Tag war heiß. Ich fuhr ohne lange Hose und ohne Überjacke. Der Abend kam näher. Meine Vorbereitungen für die Nacht mußte ich nun treffen. So oder so, wie es kommen würde. Wie es kam, sollte ich bald erfahren. Es wurde kühl. Meine Lichtanlage für eine eventuelle kurze Fahrt in der Dämmerung montierte ich. Nun zog ich meine Wolljacke und die lange Hose an. Ich wollte weiterfahren, da bekam ich Schüttelfrost. Jetzt wußte ich, es hat durchgeschlagen. Jetzt mußte ich handeln. An einer alten Kate an der Straße klopfte ich an. Ein altes Mütterchen sagte nein. Ich hatte um eine Schlafstelle gebeten. Etwas weiter waren einige Häuser mit einem Funkmast. Notfalls könnte per Funk ein Arzt angefordert werden. Es war eine Reparaturwerkstatt für Landmaschinen. Ich ging durch das Tor. Ein älterer Mann kam mit einem Eimer und ging zum Brunnen. Wir kamen ins Gespräch und unterhielten und recht freundlich. Er hörte sich meine Sorgen an. Da schloß er die Tür auf und zeigte mir ein Bett, hier könnte ich schlafen. Das Rad kam in den Vorraum. Er sei nicht verheiratet. Er bot mir zu Essen an. Leider hatte er nichts Warmes. Ich wollte aber auch nicht danach fragen. Am nächsten Morgen würde ich wohl etwas bekommen. Das übliche Angebot konnte ich noch nicht essen. Mein Magen rumorte noch zu sehr. So nahm ich alles, was ich an Kleidung hatte und zog es an. Damit legte ich mich ins Bett. Darüber alle verfügbaren Decken. Ich horchte in meinen Körper. Das gefiehl ihm. Dazu legte ich meine beiden Hände auf meinen Magen. Es wurde ruhiger in mir. Aber in der Nacht mußte ich doch einmal raus. Der Morgen kam mit strahlendem Sonnenschein. Mein Zustand hatte sich gebessert. Aber etwas Warmes gab es wieder nicht. Auch er trank nichts Warmes. Mit meinem Kocher hatte ich sofort meinen Körper auf Vordermann gebracht.

8. 8. Dienstag: Reststrecke nach Chitomir, UdSSR, 80 Kilometer

Meine Kraft könnte bis dahin reichen. Von dort waren es nach Kiew noch 130 Kilometer. Dort würde mir wohl geholfen werden. Ein neues Deutsches Konsulat sollte dort ab dem 1. 8. 1989 eröffnet sein. Mit allen Tricks kam ich dort an. Das

Intourist-Hotel fand ich schnell. Die gesamte Tanzkapelle begrüßte mich am Eingang. Der Kapellmeister war auch ein Radsportler. Ich war ja schon früh da. Darum schaute ich mir die Stadt an. Ich hatte gut gegessen und baute meine Kräfte auf.

9. 8. Mittwoch: Nach Kiew, UdSSR, 130 Kilometer

Es rollt besser als ich dachte. Mit Müsli und Knäckebrot bin ich gut dran. Das Intourist-Hotel ist gleich gefunden. Es liegt an der Einfallstraße. Dort bekomme ich warmes Essen und auch warme Getränke. Nach dem Abendessen geht es in die Bar. Hier treffe ich echt internationales Publikum. Japaner, Amerikaner, Schweizer usw. Die sitzen und schwärmen in Gruppen umher. Durch die ersten Worte in deutsch wird das Eis gebrochen. Nach meiner Schilderung erkennen sie meine Lage schnell. Das können sie nicht verstehen. Bis hier, 2500 Kilometer mit dem Rad, nein das gibt es doch nicht. Wie alt ich sei, was 71, nein unmöglich. Wieder muß mein Reisepass das bestätigen.

Meine Schwierigkeiten seien nicht die Fahrt mit dem Rad, sondern die Versorgung mit dem Nötigsten. In den Städten sei das kein Problem, aber in den Räumen dazwischen auf der Rollbahn. Die Schweizer Gruppe macht mir ein Paket zurecht. Das ist eine echte Hilfe für mich. Dann kommt Rene, mein Schweizer Freund. Lange haben wir zusammen gesessen. Um 21.00 Uhr melde ich ein Gespräch nach Hause an. Ich muß doch nach zehn Tagen ein Lebenszeichen von mir geben. Was sollen die denn in Deutschland denken, so dachte ich. Bis zur CSSR hatte ich jeden Tag angerufen. Gegen 3.00 Uhr klingelt es. Die Verbindung ist da. Ich spüre die Erleichterung bei meiner Frau. Mit dem Magen sei ich etwas angeschlagen, aber den Schaden würde ich beheben. Zwei Tage will ich hier bleiben. Nicht weit von dem Hotel ist das Deutsche Konsulat eröffnet worden. Mit unserem Herrn Konsul spreche ich über meine Reise. Viel helfen kann er ja auch nicht. Er gibt mir reichlich und gute Verpflegung. Auch Familie Haber versorgt mich mit Spezialverpflegung aus ihrem Camping-Vorrat. Sie waren mit ihrem Wohnmobil auf einer Reise durch Europa. Sie kamen aus Washington, einschließlich Wohnmobil. Von meinem Trip sind sie begeistert. Sie wollen zum Gelingen meiner Tour beitragen. Die vielen Bekanntschaften sind ja für mich ein besonderes Erlebnis. Der zweite Tag ging hier auch zur Neige. Auf ein Bier ging ich noch an die Bar. Mit einem Texaner trank ich eines. In der Nacht mußte ich fünf mal auf die Toilette. Da hatte ich wohl etwas falsch gemacht. So konnte ich am nächsten Morgen auch nicht weiter. Ich heftete einen Zettel unter den Scheibenwischer: „Wenn möglich, nehmen sie mich bitte bis Österreich mit. Mein Magen streikt. Es wird wohl nicht mehr besser werden." Dann ging ich zur

Rezeption. Ich versuchte Medikamente zu bekommen. Die Dame schaute mich an, nahm das Telefon und wählte. In zwanzig Minuten stand ein Krankenwagen vor der Tür. Ewald und Fahrrad rein. Ab zum Krankenhaus. Ich dachte, ist wohl der beste Weg, um wieder gesund zu werden. Nun war ich unter der Regie des Krankenhaus-Personals. Sofort bekam ich vier Klistiere gesetzt. Ab ins Bett. Ich bekam ein Einzelzimmer. Nach vier Stunden trank ich den ersten schwarzen Tee. Im Halbschlaf lag ich im Zimmer. Da ging die Tür auf. Herein kam Frau Haber mit der Dolmetscherin vom Intourist-Hotel und der Ärztin. Ich bekam Besuch in dieser „Einsamkeit". Es war ein schöner Augenblick. Frau Haber lächelte. Sie hatte meinen Zettel gelesen. In Ungarn würde eine Dame zu ihnen stoßen und sie durch Ungarn, Österreich und Deutschland begleiten. Sie hätten mich sonst mitgenommen. Ich sprach die Hoffnung aus, daß ich wohl hier wieder völlig gesund hergestellt würde und ich meinen Auftrag durchführen könnte. So verabschiedeten wir uns. Ich bedankte mich mit sichtlicher Rührung für diese nette Geste von ihnen. Sie standen noch im Vorraum. Da kam mir ein Gedanke. Ich raus. „Frau Haber, ich habe noch eine Frage. Sind sie vielleicht mit unserem berühmten Profesor Haber bekannt?" Da lächelt sie wieder. „Ja, er ist mein Onkel." Ich möchte doch schreiben, über den weiteren Verlauf der Fahrt.

10. 8. – 13. 8. Sonntag:

Bin nun vier Tage im Krankenhaus. Mein Zustand hat sich normalisiert.

14. 8. Montag, Kiew, UdSSR:

Mit meinem Fahrrad fahre ich wieder ins Hotel zurück. Zur allgemeinen Aufrüstung verbringe ich gleich noch einen Tag hier. Die Vorbereitungen für meine Weiterfahrt werden getroffen. Sorge macht mir nach wie vor die mangelhafte Versorgung unterwegs.

15. 8. Dientag: Ziel war Jakutin, UdSSR, 120 Kilometer

Dort sollte ein Hotel sein. Das habe ich hier schon erfahren. Das Wetter ist gut, die Straße auch. Nun hoffe ich bessere Bedinungen anzutreffen. Aber Verpflegung und etwas Warmes gibt es nicht unterwegs. Meine Flasche Wasser mit einer Vitamintablette ist mein Getränk an diesem Tag. Nur schluckweise trinke ich aus meiner Flasche. Mit Schokolade, Käse, Wurst und Knäckebrot verpflege ich mich. Ich nähere mich Jakutin. In die Ferne schaue ich und suche den Ort. Einmal nicht auf die Fahrbahn geschaut, da knallt es auch schon. Das Hinterrad ist platt. Das war nach 2600 Kilometern der erste Defekt. Da hilft auch kein Jammern. Reifen runter und einen neuen Schlauch rein. Weiter geht es. Es sind nur ganze drei Kilometer bis zum Hotel. Nun stehe ich davor. Das wird ein Kampf! Ich soll weiterfahren sagt man mir! Aber ich kann nicht mehr. Meine Kraft ist verbraucht. Das kann ein Blinder sehen. Aber mit dieser Behandlung hat man mich schwer getroffen. Die Küche ist zu. Ich esse von meinem Vorrat. Als ich mich hinlege, weiß ich noch nicht, wie es weitergehen würde. Meine Nerven und Moral haben durch diesen Auftritt stark gelitten.

16. 8. Mittwoch: Ziel ... Heimat, 2600 Kilometer

Ich habe mich entschlossen umzukehren. Gewiß, dieser Fall hier wog schwer. Aber dafür standen so viele gute Taten und Hilfeleistungen dem gegenüber. Das konnte es also nicht sein. Ich hatte jetzt aber Sorge, Schaden an Leib und Leben zu nehmen. Ich ging runter in die Küche. Warm war nur eine dürftige Kartoffelsuppe. Dazu eine Scheibe Brot, zwei Frikadellen aus Graupen und ein Glas Kaltschale. Arbeiter an den Nebentischen aßen das gleiche Essen. Es begann, daß ich die Welt nicht mehr verstand. Aber etwas anderes verstand ich nun. Am vergangenen Sonntag hatte man in Kiew demonstriert. Wogegen? Wohl gegen die Unterversorgung. Ich schwinge mich auf mein Rad und komme an den Scheideweg. Nach Westen schwenke ich ein. Was fällt mir das schwer! Wenn Abbruch meiner Fahrt, dann war es nur hier möglich. 100 Kilometer zurück, vor Kiew, liegt der mir bekannte Flugplatz Borispol. Da könnte ich entschwinden.

2600 Kilometer habe ich gefahren. Keiner kann sagen, ich hätte den Mund zu voll genommen. Das Fahren durch das Land war wunderschön und für mich ein Vergnügen. Die restlichen 900 Kilometer? Mal schauen. Bis Borispol, 100 Kilometer zum Flugplatz, rolle ich die Strecke auf. Meine größte Sorge ist nun beim Fahrrad. Was, wenn ich es nicht mit in die Maschine nehmen darf? Ich habe den Kreisel zum Flugplatz auf der Rollbahn erreicht. Fünf Kilometer sind es noch bis zum Tor zur Welt. Langsam rolle ich ran. Dann verschwinde ich in der Eingangshalle. Hier ist der übliche Tumult. Mein Renntrikot, das Rennrad mit Gepäck, sorgen für Aufsehen. Was ist nun zu tun und wo? Da sehe ich eine Stelle, wo das Gepäck gewogen wird. Da stelle ich mein Rad hin. Meine restlichen Geschenke halte ich einsatzbereit zur Verfügung. Die eine Dame verrechnet das Gewicht. Dazu kommt ein junger Mann. Der muß von der Flugverwaltung sein. Ich gebe ihm zu erkennen, daß ich nach Deutschland mit dem Rad fliegen möchte. An dem Rad nimmt er keinen Anstoß. Schon gut, denke ich. Ich möge hier einige Zeit warten. Die Stimmung ist nicht schlecht. Einen Widerspruch kann ich nicht heraushören. Nach geraumer Zeit erhalte ich einen Wink vom Ticketschalter. Die erste Frage lautet, ob ich mit DM bezahlen würde. Was ich bejahe. Ich ging auf Nummer sicher. Die zweite Frage wohin, nach Frankfurt oder nach Düsseldorf. „Aber bitte nach Düsseldorf." Das Wort Düsseldorf ging mir wie Honig über die Lippen. Mein Rad mache ich schon für den Flug transportfähig. Das Vorderrad verschnüre ich mit Papierpolster an den Rahmen. Es wird gewogen und für gut befunden. Mir fällt ein Stein vom Herzen. Es gilt als Sperrgut und ich darf es selbst durch die Sperre tragen. Dann darf ich bezahlen und habe meinen Flugschein. Über Moskau müßte ich aber fliegen. Das ist mir egal. In circa einer Stunde sei der Abflug. Treffpunkt hier. Betrübt bin ich dennoch, daß meine Reise diesen Verlauf genommen hat. In Wolgograd würde man auf mich warten. Darüber später mehr. Mit mir wartet auch ein junger Mann. Wir kommen durch die Langeweile ins Gespräch. Aber auch durch meine Rennfahrerkluft. In seinen Augen bin ich ein Abenteurer. Einundsiebzig Jahre alt und aus Westdeutschland. Er sei in Donezk mit einer Russin verheiratet.

Um 17.30 Uhr starten wir. Um 19.30 Uhr Landung in Moskau. Mustafa ist sofort wieder an meiner Seite. Er kennt sich aus und regelt alles, was zu regeln ist. Das Gepäck und mein Rad erwarten wir an der Rutsche. Da kommt nichts. Durch seine Aufmerksamkeit geht er an eine andere Stelle. Nach zwei Minuten kommt er mit dem Rad unter dem Arm. Man hatte das gesamte Gepäck draußen abgelegt, ohne dies auszurufen. Durch das schnelle Eingreifen von Mustafa hat er wohl Schlimmeres verhindert.

Am nächsten Tag gegen 13.50 Uhr sollte der Flug nach Düsseldorf starten. Schlafen würden wir hier in dem Touristik-Aufenthaltsraum. Dahinter war ein Restaurant mit Blick auf das Rollfeld. Mit dem Rad gingen wir da hinein. Jetzt tischte Mustafa auf. Hatte ich doch den ganzen Tag nichts gegessen. Was mein Herz begehrte, bekam ich. Wenn ich auch etwas bestellen wollte, nein, ich sei sein Gast. Dann wurde erzählt und die Wartezeit vertrieben. Für die Zukunft wurden unsere Pläne geschmiedet. Ich müßte unbedingt einmal nach Damaskus kommen, mir Arabien anschauen. Mehrere Tassen guten Kaffee's hielten mich wach. Um 24.00 Uhr mußten wir aus dem Restaurant. Im Warteraum versorgten wir das Rad und legten uns daneben. Schlafen kam für mich ja nicht in Frage. Dafür legte sich Mustafa hin. Er schlief für mich mit.

Um 5.00 Uhr wurde es schon hell. Wir hatten uns gewaschen und besprachen die weiteren Aktivitäten bis zum Abflug. Schon gestern deutete er an, daß ich von einem anderen Flugplatz starten würde. Wir mußten zum Flugplatz nordwestlich von Moskau, 60 Kilometer von hier. Wir rafften alles zusammen und bestiegen einschließlich Rad ein Taxi. Nach einer Stunde waren wir da. Gegen 9.00 Uhr erschien auf der Starttafel: Düsseldorf, Abflug 13.50 Uhr. Da stand es nun weiß auf schwarz. Wir beide gingen derweil zum Frühstück. Dann kam die Trennung. Ich hatte ihm viel zu danken. Wir bleiben in Verbindung, versprachen wir uns. Ein Händedruck, eine Umarmung, dann verschwindet er im Ausgang. Der Abflug kam näher. Um 13.50 Uhr hob unsere Maschine ab. So problemlos saß ich nicht in der Maschine. Immer wieder kam mir das Lied und die Melodie: „Guten Morgen Deutschland, ich wünsch' dir einen guten Tag", in den Sinn. Ich sah meine Neben- und Vorderleute das reichliche Essen verzehren. Da schlugen doch bei mir die Erinnerungen durch. Ich konnte nichts annehmen. Nach einem sehr schönen Flug landeten wir gegen 17.30 Uhr in Düsseldorf. Mein Sohn holte mich sofort ab. Am nächsten Tag informierte ich alle Instanzen von meiner frühzeitigen Rückkehr. Die dritte Großetappe war damit beendet.

Die vierte Etappe begann am 10. 9. 1989 mit dem Flug zur 400-Jahr-Feier nach Wolgograd. Während und nach meiner Rückkehr, bestand bei mir immer der Wunsch, an den Feierlichkeiten zur 400-Jahr-Feier der Stadt Wolgograd teilzunehmen. Der Einladung dazu möchte ich unbedingt nachkommen. Ich bat darum, mit der Kölner Delegation reisen zu können. Einige Tage später bekam ich die Zusage. Wieder wurden die Vorbereitungen getroffen. Am 15. 9. 1989 flogen wir unter der Leitung von Frau Bürgermeisterin Gepa Maibaum ab Frankfurt über Moskau nach Wolgograd. Es sollte also Wirklichkeit werden, die Stadt wie-

„Aber da war noch ein Denkmal. Eine Mutter hält ihren toten Sohn in ihren Armen, Sie hält ihn für viele Mütter dieser Erde."

der zu sehen, die in meiner Erinnerung den höchsten Stellenwert einnimmt. Aber auch in der ganzen Welt steht sie an erster Stelle in bezug auf die Bewertung und Bewältigung der Vergangenheit. In vielen Staaten haben Städte eine Partnerschaft mit Wolgograd abgeschlossen. Nun wurde gefeiert.

Gegen 23.00 Uhr landeten wir auf dem Flugplatz in Wolgograd. Nach einem kurzen Empfang fuhren wir in unser Hotel.

Samstag, den 16. 9. 1989 machten wir unseren ersten Besuch am und im Panorama-Museum. Unser Hotel lag so zentral in der Stadt, daß wir zu Fuß zur „Roten Mühle", zum Panorama-Museum und zum Wolga-Schiffsbahnhof gehen konnten. Dazu sei bemerkt, daß Wolgograd eine Länge am Wolgaufer von 80 Kilometern aufweist. Es waren nur einige hundert Meter zu diesen Zielen. Nach der Zerstörung 1942 konnte die Stadt beim Wiederaufbau frei planen. Es wurde eine geräumige und schöne Stadt aufgebaut. Die ersten Eindrücke bekamen wir im Umfeld des Panorama-Museum. Da steht die „Rote Mühle" in ihrem zerschossenen Zustand. Sie wurde im „Original" so belassen. Als einzige Ruine aus dem Kampf um Stalingrad. Im Jahre 1902 wurde sie gebaut von einer Familie Gerhard. Die Tochter der Familie wohnt in Norddeutschland. Daneben steht das Panorama- Museum. Es ist ein Rundbau mit circa 50 Meter Durchmesser. Es besteht aus drei Stochwerken. In und über der Erde. In seinem Umfeld stehen die alten, historischen Waffen. Die mir gut bekannten Jagdflugzeuge ragen in die Luft. Dann gehen wir hinein. Im unteren Stockwerk waren die damaligen Nahkampfwaffen und sonstige Ausrüstung zu sehen. Eine Dolmetscherin erklärte sachlich und führte uns durch die Räume. Nachdenklich folgten wir ihr. Im Obergeschoß sahen wir das, was dem Museum seinen Namen gab. Es ist das Panorama-Gemälde. Sieben Künstler haben rundum die „Schlacht um Stalingrad" verewigt. Man muß es gesehen haben, um es bewerten und bewundern zu können. Es ist ein Zeitgeschehen. Für die weiteren Festlichkeiten waren wir eingestimmt. Nach dem Mittagessen nehmen alle Delegationen und Abordnungen an der Kranzniederlegung am Grabmal des Unbekannten Soldaten teil. Sie wurde mit allen militärischen Ehren durchgeführt. Am Lenin-Denkmal sang ein großer Chor. Nun fuhren alle Delegationen zum Mamai-Hügel. Im Panorama-Museum wurde die materielle Schlacht in Erinnerung gehalten. Hier aber steht der gefallene Soldat in der Erinnerung. Es gibt nicht viele Gedenkstätten, die so ein Geschehen würdiger zum Ausdruck bringen. Der Aufgang zum Hügel mit seinen vielen Treppen glich einem Bittgang. Meisterhaft und würdig ist die gesamte Kulisse zum Hügel gestaltet. Oben gingen wir durch den Eingang in die Heldenhalle. Vor der Halle präsentierten Elitesoldaten. In der Halle legten die Delegationen ihre Kränze nieder. Diese Halle gleicht mehr einem Tempel. Sie macht auf uns den stärksten Eindruck. Gedämpftes Licht, das Ehrenspalier der Soldaten, rundum mit Stahlhelm und Kampfumhang in einem Meter Abstand stehend, sorgen dafür. Wir defilieren mit leichtem Anstieg, vom unteren Eingang zum oberen Ausgang, an den Namenstafeln von einem Prozent aller russischen Gefallenen vorbei. Bis zum Mamai-Hügel, mit dem 70 Meter hohen Monumentaldenkmal „Mutter Heimat" gehen wir am Ehrenspalier vorbei nach oben. An beiden Seiten sind die verdienten Heerführer zur letzten Ruhe gebettet. Da ist aber noch ein Denkmal. Eine Mutter beugt sich über ihren toten Sohn. Sie hält ihn in ihrer Trauer und ihrem Schmerz in den Armen. Sie hält ihn für viele Mütter dieser Erde. Auf dem Hügel oben angekommen, schaue ich zurück. Ich sehe die Gedenkstätte und das neu erstandene Wolgograd. Um Jahre denke ich zurück, dann schaue ich nach oben.

Zum weiteren Verlauf des Tages strebten wir alle dem nahe gelegenen Stadion zu. Eine große Folkloreveranstaltung wurde aufgeführt. Das Motto waren die vierhundert Jahre seit der Gründung der Stadt. Die Darbietungen waren Klasse. Damit ging ein denkwürdiger Tag zu Ende, mit einem großen Feuerwerk an der Wolga.

17. 9. 1989, Sonntag: Wir machen einen Spaziergang in die Stadt. Gegen 11.00 Uhr ist für unsere Kölner Delegation der Empfang im Rathaus bei Herrn Oberbürgermeister Jouri Starovatykh. Den Sinn unserer Partnerschaft herausstellend, davon war dieser Empfang geprägt. Erst jetzt erfuhr ich, welch hohen Stellenwert er im internationalen Radsport einnimmt. Er ist Mitglied im Schiedsrichter-Gremium des Welt-Radsportverbandes. Stolz zeigte er mir die Sportzeitung mit dem Bild des um Haaresbreite geschlagenen Vize-Weltmeisters, seines Landsmannes D. Konychev im August dieses Jahres. Er war selbst dort. Aber auch meine unvollendete Tour nach hier kann ich erst jetzt in der richtigen Bedeutung bewerten. Beide Geschehen lassen sich im nächsten Jahr zum Sieg ummünzen.

Nach dem Mittagessen war eine Dampferfahrt auf der Wolga angesagt. Gegen 14.00 Uhr bestiegen wir das Schiff. Vier Partnerschafts-Delegationen waren zu dieser Fahrt eingeladen. Ägypten mit Port Said, Frankreich mit Toulon, die Kalmücken-Steppe und wir, mit der Kölner Gruppe vertreten. Die Kalmücken sind ein westmongolischer Volksstamm. An der Spitze der Stadt Wolgograd nahmen der Herr Oberbürgermeister mit Frau, sowie viele hohe Verwaltungsbeamte und Beauftragte teil. Dazu ein großes Dolmetscher-Team. Die Fahrt ging nach Norden zum großen Stauwerk. Auf dieser Fahrt wurden Gespräche zwischen den Delegationen und dem Gastgeber auf Deck und an der Reeling geführt. Ich selbst war mit filmen und fotografieren des mir bekannten Wolga-Ufers beschäftigt. Derweil hatte sich mir Frau Starovatykh mit ihrer Begleitung genähert. Ich mußte Rede und Antwort stehen. In Wolgograd hatte man meine Fahrt auch mit Spannung verfolgt. Dann kam ihre Bitte an mich: „Herr Endres, bitte versuchen sie es im nächsten Jahr wieder, dann wird es klappen, wir kommen ihnen entgegen." Das war eine Bitte, ausgesprochen von der ersten Dame der Stadt. Ich würde es versuchen, versprach ich. Sie hat mich damit sehr beeindruckt. An der großen Staumauer vorbei, nahmen wir wieder Kurs nach Süden. Auf der Rückfahrt wurden wir zu Tisch gebeten. Tischreden, mit einem landesüblichen Prösterchen zum Abschluß, wurden gehalten. So erhob sich auch der Vertreter aus der Kalmückensteppe. Nach einer guten Rede erhob er das Glas, und mit einem kräftigen „Uh" prostete er uns auf seine Landesart zu. Mit Heiterkeit und viel Gelächter wurde das von uns akzeptiert. Aber auch meine Ein-Mann-Delegation blieb nicht verschont, eine Tischrede zu halten. So wurde ich von Herrn Oberbürgermeister gebeten, einige Worte zu sprechen. Was uns alle bewegte, war mir bekannt und schlug sich auch in den Reden nieder. In diesem Sinne fand ich auch meine Worte. Wir bauen alle am Haus Europa und unsere Freunde aus der UdSSR werden auch einziehen.

Der restliche Nachmittag wurde zu einem Besuch im Kulturhaus verwendet. Die Kölner Folkloregruppe „Die hilligen Knächte und Mächde", gaben dort einige Auftritte zum Besten. Sie waren auch nach Wolgograd geflogen und innerhalb der 400-Jahr-Feier eingesetzt. Auch der Tag ging zu Ende.

Am nächsten Morgen, Montag, den 18. 09. 1989 wurde der Heimflug vorbereitet. Auf dem Flugplatz verabschiedete uns der Herr Oberbürgermeister mit seinem engeren Stab. Eine ganze Stunde saßen wir noch zusammen. Dann sagten wir uns Auf Wiedersehen. Die Maschine startete nach Westen.

Vom Rhein an die Wolga, 1990
2. Versuch im Zeichen der Wiedervereinigung

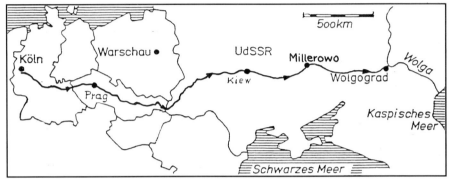

Die Route: Köln — Prag — Lvov — Kiew — Izum — Millerowo — Wolgograd
2. Versuch vom 3. 7. 1990 — 3. 8. 1990   3.500 km

„Herr Endres, kommen sie im nächsten Jahr wieder . . . ." Diese Bitte sprach die Gemahlin von Herrn Oberbürgermeister J. Starovatykh zu mir, auf der Wolga-Dampferfahrt anläßlich der 400-Jahr-Feier im Sommer 1989. Mein gescheiterter Versuch 1989 hat schon Aufsehen erregt, mehr als ich bemerkt habe. Hüben wie drüben. Nun ließ es der Menschheit keine Ruhe mehr. Ein zweiter Versuch mußte her. . . . „wir kommen ihnen entgegen, dann wird es gut gehen", waren ihre Worte.

Im Winter 1989/90 und im Frühjahr 1990 kreisten meine Gedanken immer um diesen Satz. Ich ringe schwer um einen Entschluß. Das gibt kein Wunder, ob dem Erlebten. Aber auch in Wolgograd regt sich was und man macht sich Gedanken. Im April erreicht mich ein Brief vom dortigen Radsportverein. Geschrieben von Oleg Petruschin, 32 Jahre, Englischlehrer am dortigen Gymnasium, der auch die deutsche Sprache spricht. So erfahre ich erst jetzt, daß dort ein Radsportverein in einer Stärke von fünfzig Mann besteht. Es wäre schon gut gewesen, 1989 das zu wissen. Alle hatten mich sehnsüchtig erwartet. Der Verein regt eine Zusammenarbeit an. Meine Antwort erfolgte sofort. Aber es verstrich doch eine geraume Zeit und im Handumdrehen ist der Monat Juni da. Wenn der zweite Versuch noch in diesem Jahr erfolgen soll, dann muß es bald geschehen. Da war das Problem mit dem Visum. Nochmals möchte ich nicht die Herrn Ober-

Verabschiedung bei meinem Chef-Obermonteur

bürgermeister damit belästigen. Ich selbst kann Menschen nicht ausstehen, die lästig werden. In Gedanken habe ich mich auf den neuen Trip schon vorbereitet. Die Fehler vom vergangen Jahr Revue passieren lassen. Wenn, dann zu allererst zwei Taschen an dem Vorderrad anbringen, zur Aufnahme von einem Gaskocher. Denn etwas Warmes braucht der Mensch. In den letzten Tagen im Monat Juni kommt die Einladung vom Vorsitzenden des Wolgograder Radsportverein mit einem sehr wichtigen Vermerk. Bei einer Rückfrage in meinem Reisebüro wird mir bestätigt, die Einladung ist ausreichend für ein Visum. Sofort läuft alles bei mir auf Hochtouren. Innerhalb von zwei Tagen habe ich das Visum in der Hand. Zwei Spezial-Taschen mit Aufhängung für das Vorderrad kaufe ich in einer guten Ausführung. Den kleinen Kocher mit Reservekartuschen verstaue ich darin. Dazu Suppen, Kaffee, Tee, Fleischbrühe, Nudelsuppen, kleine Würstchen usw. Als ich das alles gut verstaut habe, überkommt mich ein Gefühl der inneren Zufriedenheit. Hatte ich doch immer die Errinerung an das Fehlverhalten vom vergangenen Jahr. Im Geiste koche ich mir schon mein Mittagessen in irgend einer Autobus-Haltestelle. Hat sich denn die Versorgungslage dort gebessert? Wer kann es mir sagen. Alles, was ich eingepackt habe, einchließlich Geschenke, sagt mir, Ewald du kannst fahren.

Also Start am Dienstag, dem 3. 7. nach Bad Marienberg, 120 Kilometer

Die Presse ist vertreten. Sonst ist es ein kleiner Kreis, der mich diesmal auf die Reise schickt. Ich habe sie ja schon einmal enttäuscht, das genügt. Es zählt halt nur ein „Sieg." Verabredet ist noch zusätzlich mit dem Radsportverein „Orion" Wolgograd, daß Oleg Petruschin nach Kiew einfliegt und wir uns im Intourist-Hotel treffen. Mit dem Rad versteht sich. Dann begleitet er mich bis Wolgograd.

Er hat das Kartenmaterial für die Strecke hinter Charkow. Auch besorgt er das Quartier am Abend. Mit Zuversicht verabschiede ich mich, bin guter Dinge und trete kräftig in die Pedale. Es ist ein unbändiges, schönes Gefühl, die Verantwortung für solch eine Strecke zu übernehmen. Die Vorbereitungen müssen besonders sorgfältig getroffen werden. Die Angst im Nacken, etwas vergessen zu haben, so wie im vergangenen Jahr, läßt mich nicht los. Die im vergangenen Jahr gefahrene Strecke will ich wieder fahren. Da ist diese und jene nette Bekanntschaft, da möchte ich wieder anklopfen.

Langsam rolle ich die Tour an, biege um die Ecke und weg bin ich. Durch Feldwege fahre ich in Richtung Bonn. Am Stadteingang verabschiede ich mich von meinem Chef-Obermonteur in dessen Werkstatt. Er schaut sich die Karre an und verzieht sein Gesicht. Wieviel Gewicht das alles wiegt, fragt er mich. Das weiß ich nicht, kann ich nicht sagen. Ulli wird gerufen, bring mal die Spezial-Waage her. Jetzt wird gewogen. 35 Kilogramm weist die Waage aus. Da staunen alle, auch ich. Damit habe ich nicht gerechnet. Ja ja, die Geschenke. Die hat Vera eingepackt. Sie braucht ja nicht zu treten. Er schlägt die Hände über dem Kopf zusammen und tanzt dabei von einem Bein auf das andere. Damit willst du durch Rußland nach Stalingrad? Bist du wahnsinng. Wieviele Kilometer sind es bis dahin? Ich weiß nicht genau, so 3500–3800 Kilometer. Ich bin ganz ruhig. Hatte ich doch das Gewicht von Brühl bis Bonn schon getestet und für gut befunden. Durch die beiden Taschen vorne am Rad ist das Gewicht ideal verteilt und die Karre läuft prima. Rollt sie, dann schwingt das Gewicht von alleine vorwärts. Die ganze Firma steht um mich herum. Nein, das gibt es doch nicht. Ich sage ihnen, daß ich ihre Bedenken nicht teile. Fröhlich und zuversichtlich winkend verabschiede ich mich. Nachdenklich stehen sie da. Ab jetzt wird es ernst. Ich fahre über den Rhein in Richtung Hachenburg. Was wird diese Tour an Überraschungen bringen? Werde ich Oleg in Kiew treffen? In Gedanken lasse ich die Strecke von 3500 Kilometer Revue passieren. Altenkirchen liegt hinter mir. Ich nähere mich Bad Marienberg mit seinem mächtigen Anstieg. Die Serpentinen fahre ich zügig hoch. Das erhöhte Gewicht spielt also keine große Rolle. Im Ort werde ich wie ein guter Bekannter empfangen. Hatte ich doch den Herbergseltern meine Reportage geschickt.

Mittwoch, den 4. 7. nach Laubach, 140 Kilometer

Bei gutem Wetter komme ich ohne große Orientierungshilfe an. Obwohl die Herberge überfüllt ist, werde ich sofort untergebracht. Am Abend sehe ich das Fußballspiel Deutschland gegen England.

Donnerstag, den 5. 7. starte ich nach Bad Brückenau, 120 Kilometer

Auf dieser Strecke muß ich gegen den Regen kämpfen. Es sind Schauer, die mir das Leben schwer machen. Hier werde ich auch mit Hallo empfangen. Sie haben auch meine Reportage gelesen. Dazu aus der Zeitschrift „Die Tour" den Artikel „Der eiserne Ewald". Ich muß Rede und Antwort stehen. Mein zweiter Versuch macht bei ihnen mächtig Eindruck. Nach dem Abendbrot gehe ich wieder in die Stadt. Am Dorfbrunnen sitzend, trinke ich mein Bier. Es ist eine romantische Ecke, hier fühle ich mich wohl. Zu schnell geht der Abend zur Neige. Zu Hause rufe ich noch an, dann gehe ich in's Bett.

Freitag, den 6. 7., weiter nach Staffelstein, 130 Kilometer

Nach einer guten Nacht und einem sehr guten Frühstück schwinge ich mich auf mein Rad. Noch ist es trocken, aber ich traue dem Frieden nicht. Ich kenne die Strecke. Außergewöhnliche Berg- und Talfahrten sind auf dieser Tour zu fahren. In Bezug auf Berge bin ich abgehärtet. Ich betrachte sie jetzt als einen Widerstand, den man überwinden muß. Nach einer Stunde muß ich mich mit Rad und Gepäck wasserdicht machen. Es wird ein echter Landregen. Da weiß man nicht, wie lange er dauern kann. Das drückt auf die Moral. Lange überlegen, was tun, hilft hier auch nicht, also weiter. Da ist ein Rad-Fernfahrer gegenüber einem LKW- Fernfahrer ein armer Hund. Besonders, wenn die LKW's hautnah an einem Rad- Fernfahrer vorbei fahren, im Regen und ihn naß machen. Trotzdem möchte ich nicht mit ihnen tauschen. Wie schon gesagt, ist dieses Land bis Staffelstein sehr gebirgig. Steigungen von zehn Prozent sind keine Seltenheit. Das wirkt sich auf die gefahrenen Kilometer an diesem Tage aus. Das Tagesziel kann ich heute nicht erreichen. In aller Ruhe suche ich mir zur rechten Zeit in Itzgrund, 20 Kilometer vor Staffelstein, ein Gasthaus mit Metzgerei zur Übernachtung aus. Eine gute Wahl habe ich da getroffen. Essen und trinken, so recht auf einen Rad-Fernfahrer zugeschnitten. Für einen guten Schlaf trete ich ja die vielen Kilometer.

Samstag, den 7. 7. starte ich nach Weißenstadt, 100 Kilometer

Über Kulmbach fahre ich wieder. Den Umweg über Bayreuth fahre ich nicht. Dadurch habe ich einen Tag eingespart. Das Fichtelgebirge lerne ich dadurch auch kennen. Es ist für mich mit 1000 Meter Höhe im Winter zum Ski-Langlauf auch eine Reise wert. Ganz romantische Passagen durch Dörfer, Wald und Flur find ich hier. Mittlerweile habe ich schon eine stattliche Höhe erklommen. In Gedanken mache ich mich schon auf die Suche nach einer Übernachtungsmöglichkeit. Verhalten fahre ich am Ortsausgang von Kornbach. Ein älterer Herr, er macht wohl seinen Samstagsnachmittags-Spaziergang, spricht mich an. Hallo, wohin des Weges in dieser Aufmachung, fragt er. Erst bereite ich den Mann, ca. 64 Jahre, vorsichtig auf meine Antwort vor. Er kann ja einen Schock bekommen bei dem Namen Stalingrad. Dabei spreche ich aus Erfahrung. Bisher bekomme ich immer ein unverständliches Kopfschütteln. So auch hier. Dann aber wechselt Unverständnis mit Staunen. Ob ich denn so gesund sei, fragt er, denn ich sei auch nicht mehr der Jüngste. Mit guten Argumenten kann ich ihn beruhigen. Wir stehen circa 40 Meter von dem kleinen Dorffriedhof. Derweil fährt ein PKW auf den Parkplatz. Ein älteres Ehepaar mit einer jungen Frau steigen aus. Sie sind in schwarz gekleidet. „Da sehen sie" spricht er zu mir, „ein junger Mann im Alter von 32 Jahren ist vor zwei Tagen an Herzinfarkt gestorben." Er war Leiter der Feuerwehr und auch im Stadtrat tätig. Ich werde sehr nachdenklich. Er gibt mir seine Karte und wir verabschieden uns. Aus Wolgograd möchte ich ihm doch schreiben. Vor mir liegt die Landstraße. Wie sie lockt und ruft. Kräftig trete ich in die Pedale in dem Bewußtsein, das sie die einzige und richtige Alternative zu dem soeben Erlebten ist. Ich erreiche Weissenstadt. Im „Deutschen Haus" kehre ich ein und tanke Kraft für den neuen Tag. Beim Studium der Karte stelle ich fest, daß ich ja schon morgen bis nach Karlsbad komme. Eine angenehme Überraschung für mich. Gerne hätte ich auch wieder die Jugendherberge in Hohenberg bei Schirnding besucht.

Also Start nach Karlsbad, am Sonntag, dem 8. 7., 100 Kilometer

Von meiner Wirtin bekomme ich ein sehr gutes Frühstück mit Kraft-Spezialitäten. Man kann sich hier in meine Lage versetzen. Bei leichtem Nieselregen rolle ich an diesem Sonntagmorgen in Richtung Grenze. Die Landschaft und auch das Wetter wird besser. Derweil nähere ich mich Schirnding. Erinnerungen vom vergangenen Jahr werden wach. Da benötigte ich noch ein Visum. Heute genügt der Personalausweis. Da haben die Zöllner zur Erleichterung des Grenzverkehrs einen Tisch am Rande des Schlagbaums stehen und sichten und stempeln. Es ist der erste visumfreie Sonntag an der Grenze. Entsprechend auch die Autoschlange hier an diesem Sonntag. Ich tausche noch Geld um und ab geht es nach Karlsbad. Um 17.00 Uhr bin ich dort. Heute ist Sonntag. Nun kann ich dieses Weltbad in seiner Sonntagspracht sehen und erleben. Langsam fahre ich durch die eleganten Straßen. Die Leute flanieren froh, gelöst und locker. Es ist ein schönes Bild. Das Bädertal ist 5 Kilometer lang. Meine Unterkunft liegt am Ende. In einem Gartenrestaurant spielt eine Kapelle zum Tanz auf. Echt böhmische Tanzmusik. Ich steige ab und genieße beim Bier das Vergnügen. Nach einer Stunde fahre ich weiter zu meiner Jugendherberge. Mein Quartier ist wieder das gleiche, wie im vergangenen Jahr.

Montag, den 9. 7., 140 Kilometer nach Prag

Bei schönem Wetter fahre ich die mir bekannte Strecke. Essen und Trinken gibt es reichlich. Ich habe keine Not. Doch da taucht in meinem Kopf immer wieder die Nacht in Prag vor einem Jahr auf. Wie wird es heute abend sein? Das sind berechtigte Sorgen. Nach einer Jugendherberge werde ich heute auf keinen Fall suchen. Sofort am Stadtrand suchst du ein Hotel. Gegen 19.00 Uhr erreiche ich Prag. Jetzt Augen auf, sage ich mir. Bald habe ich eines entdeckt. Zur Rezeption muß ich durch einen langen Biersaal. An den Tischen sitzen die Arbeiter und trinken ihr Bier. Der Saal ist rauchgeschwängert. Nach einigem hin und her habe ich mein Zimmer. Nach einem guten Abendbrot aus meinem Vorrat mische ich mich unter das Volk in dem Saal. Ich bestelle mir einen halben Liter Pilsener und studiere die Menschen. Die haben reichlich Gesprächsstoff. Manchen raucht der Kopf. Froh bin ich, daß ich ein Dach über dem Kopf gefunden habe. So habe ich eine ruhige Nacht.

Dienstag, den 10. 7., Start nach Seč, 100 Kilometer

In aller Ruhe trinke ich meinen Kaffee und esse mein Frühstück. Ich bin froh gestimmt. Komme ich doch heute zu meinen zwei Freunden, zu Vladimir und Josef, zu meinen zwei Schweyks. Die Strecke brauche ich nicht mehr zu studieren, die habe ich im Kopf. Bei gutem Wetter erreiche ich das Umfeld von Seč. Es liegt hoch an einem Stausee. Den Berggang lege ich ein und klettere zügig nach oben. Voller Spannung fahre ich zur Rezeption vom Campingplatz.

Mittwoch, 11. 7. 1990: „Verpflegungsstation".

Ich bin enttäuscht, weder Vladimir noch Josef ist da. Der Vertreter aber ist im Bilde. Viel brauche ich ihm nicht über mein Tun und Lassen zu erzählen. Eine geraume Zeit, da geht die Tür auf. Vor mir steht Vladimir, gibt mir die Hand und umarmt mich. Wir beide sind gerührt. Von Wolgograd habe ich nach hier geschrieben und die Reportage gesandt. Nun ist der Kerl schon wieder auf großer Fahrt. „Was treibt dich unruhiger Geist so durch die Welt", fragt er. Ich lächele nur, will darüber auch keinen großen Dialog eröffnen. Er schüttelt nur mit dem Kopf und übersetzt alles den Umstehenden. Mit einem Begrüßungstrunk wird die Ankunft abgeschlossen. Zum Abendessen ziehen wir uns in die hintere Stube zurück. Mit allem werde ich versorgt. Dann wird geplaudert. Sehr viel gibt es zu erzählen. Mein Bett wird zurecht gemacht. Ein ruhiger Schlaf ist mir hier gewiß.

Mittwoch, den 11. 7., auf nach Ölmütz (Litovel), 125 Kilometer

Von Seč rolle ich los. Über Landstraßen, durch Dörfer, Felder und Wälder. So sehe ich das Herz dieses Landes. Nein, es ist mir nicht langweilig. Mit meinem Reiseleiter bin ich sehr zufrieden. Wenn der Magen knurrt, halte ich an. Dazu suche ich eine Autobushaltestelle aus. Der Gaskocher kommt in die Ecke, wegen dem Windschutz. Dann koche ich mir ein Süppchen mit Einlage. Dazu einen Kaffee. Nach einer angemessenen Pause fahre ich weiter. Das Problem habe ich sehr gut gelöst. Ich darf nicht an das vergangene Jahr denken. Mein Vorrat reicht für alle Fälle. Langsam fahre ich von der Höhe in's flache Land. Hier treffe ich auch wieder die Autobahn. Mit meinem Fahrrad darf ich darauf fahren. Dazu habe ich heute einen starken Rückenwind. Mit circa 30 Kilometer die Stunde fahre ich gegen Ölmütz. Selbstverständlich werde ich wieder 20 Kilometer davor in Lidovel im Hotel schlafen. Auch hier ist durch mein plötzliches Auftauchen eine Überraschung möglich. Suchen brauche ich es nicht, ich finde es sofort. Mein Rad schiebe ich in die Vorhalle und gehe in die Rezeption. Da stehen wir uns gegenüber. Die Überraschung ist geglückt und es wird eine herzliche Begrüßung. Zunächst werden die Formalitäten erledigt. Das Rad darf ich auch mit auf das Zimmer nehmen. Im Speisesaal nehme ich ein warmes Essen zu mir, dazu ein echtes Pilsener. Anschließend vertiefen wir uns in die Vergangenheit, sind uns einig über die Gegenwart, die sich gegenüber dem vergangenen Jahr so demokratisch gewandelt hat. Viel Zeit, über die Zukunft zu reden, haben wir nicht mehr. Ein anderes Thema kommt auf. Ich hatte doch versprochen, aus Wolgograd zu schreiben. Da habe ich etwas falsch gemacht, merke ich. Reumütig verspreche ich, in diesem Jahr bestimmt zu schreiben, zumal ich für diese Tour unter normalen Umständen die Hand in's Feuer legen kann. Eine gute Nacht ist mir vergönnt.

Donnerstag, den 12. 7., weiter in Richtung Markow, 120 Kilometer

Hier fühle ich mich nicht wie in einem fremden Land. Fremd waren wir uns in all den Jahren. Weiter fahre ich auf der Autobahn. Nur durch das geringe Verkehrsaufkommen möglich und erlaubt. Ich nähere mich den Beskiden. Die haben eine Höhe von 1400 Meter. Plötzlich kommt mir die Erinnerung an das vergangene Jahr. Da waren doch die Kolonnen der Trabis aus der DDR auf den Straßen. Wo sind sie geblieben? „Vom Winde verweht", kann man da sagen. Sie nuggelten immer in Kolonnen von fünf bis acht Wagen hintereinander. Sie sind ja gleichgeschaltet. Ausreißversuche und Überholmanöver gab es nicht. Am Fuß der Beskiden liegt ein gut entwickeltes Touristengebiet. Auch für unseren Geschmack ist es annehmbar. Was aus der DDR in diesem Jahr an Touristen fehlt, gleichen zum Teil schon solche aus dem Westen aus. Im vergangenen Jahr fand ich Unterkunft bei DDR-Ferienleuten. Die werden in diesem Jahr nicht da sein. Ich erinnere mich, einen Campingplatz gibt es da in der Nähe. Dort werde ich anfragen, ob ich ein Bett für die Nacht bekommen kann. Am Ende einer Etappe kreisen meine Gedanken immer um die Übernachtung am Abend. Gesagt, getan. Ich kann hier übernachten und bekomme ein Bett. Es wird ein schöner Sommerabend.

Freitag, den 13. 7., ab in Richtung Martin, 100 Kilometer

Heute morgen wird es ernst. Der große Anstieg über die Beskiden liegt vor mir. Das Wetter ist sehr gut. Langsam und mit Geduld steige ich Meter für Meter hoch. Über eine schöne Straße fahre ich mit sehr wenig Verkehr. Rad-Fernfahrer kommen mir von oben entgegen. Sie winken mir begeistert zu. Sie kennen diese circa 10 Kilometer-Steigung. Das spornt mich an. Auf der Höhe steige ich in einem Lokal ab. Hier esse ich slowakische Spezialitäten. In der Slowakei bin ich hier. Nachdem ich mich von dem Aufstieg gestärkt und erholt habe, beginne ich die Abfahrt. Sie ist steil, mit vielen Kurven und 10 Kilometer lang. Die Geschwindigkeiten halte ich unter Kontrolle. Ich denke, ich bin unten, da steigt es noch einmal mächtig an. Dann erst läuft die Strecke in das flache Land aus. Zügiges Fahren ergibt viele Kilometer. So komme ich bald in die Nähe meiner nächsten Übernachtung. Vor Martin hatte ich im vergangenen Jahr einen Hinweis zu einem Auto-Campingplatz entdeckt. Hier hatte ich auch übernachtet. So versuche ich jetzt auch wieder mein Glück. Ja, ich bekomme wieder meine kleine, gemütliche Hütte. Ich brause mich und mache mir mein Abendbrot. Aber diesmal mache ich mir einen heißen Tee. Wie hatte der mir im vergangenen Jahr gefehlt, der Kocher. Zeit finde ich noch für einen Spaziergang und für eine Flasche Bier. Einen gesunden Schlaf habe ich diese Nacht.

Samstag, den 14. 7. starte ich nach Poprad, 100 Kilometer

Es sollte eine schöne Etappe werden. In diesem Jahr ist mir das Wetter hold. Es ist klares Wetter mit einer guten Fernsicht. So kann ich die Gebirgszüge der Beskiden und Kaparten gut erkennen. Gut komme ich voran. In einer Bushaltestelle koche ich mir mein Mittagessen und bestaune die schöne Landschaft. Sie trägt zu meinem inneren Frieden auch bei. Vor Poprad fahre ich durch eine Landschaft, wie durch Almwiesen. Anschließend beginnt eine lange Abfahrt. Noch einige Kilometer und ich bin am Ziel. Das Hotel vom vergangenen Jahr suche ich auf. Ich bekomme keinen Einlaß. Weiter fahre ich in die Stadt und komme im Intourist-Hotel am Bahnhof unter. Im Bahnhofs-Restaurant esse ich sehr gut. In der Vorhalle und auf den Bahnsteigen stehen Wanderer und Bergsteiger. Alle sind zünftig gekleidet und ausgerüstet. Ich könnte doch einmal zum Langlauf hier in die Kaparten fahren, denke ich. Einen ruhigen Schlaf habe ich in der Nacht. Ja, ich schlafe immer gut auf der Tour. Das muß wohl der Lohn für die vielen Kilometer sein, die ich täglich fahre.

Sonntag, den 15. 7., ab nach Kosice, 110 Kilometer

Na, du kommst doch voran, sage ich mir. Beschwerden hast du keine, dann kann es ja so weiter gehen. Das Reisefieber hat mich so richtig gepackt. Nochmal so einen Versager, ... ich darf nicht dran denken. Die Strecke nach Kosice ist sehr schön. Durch das Zentrum der Slowakei geht meine Fahrt. Schon immer hat dieses Land für mich seine Reize gehabt. Gegen 18.00 Uhr komme ich vor meinem Hotel an. Mein Zimmer bekomme ich und versorge mich für den Abend und die Nacht.

Montag, den 16. 7., weiter nach Utschgorod, UdSSR, 100 Kilometer

Die mir bekannten Berge mit den langen und steilen Anstiegen erwarten mich. Hindernisse sind dazu da, daß sie überwunden werden. Und wie ich sie überwinde! Absteigen gibt es nicht. Jede Fahrtechnik wende ich an. Da habe ich mit meinem Rad viele Alternativen. So eine Tour muß mit Sinn und Verstand durchgezogen werden. Derweil ich mit solchen Gedanken im Kopf durch die Lande fahre, werde ich von meinem Freund Adebar abgelenkt. Erst sehe ich ihn einzeln, dann in großer Zahl hinter einem pflügenden Trecker her stelzen. Es ist ein schönes Bild, was ich da sehe. Wir kennen sie nur noch auf Bildern. In der Ferne schlängelt sich der längste und steilste Aufstieg am Berghang in die Höhe. Es dauert nicht lange, dann bin ich dran. Langsam aber stetig trete ich in die Pedale. Aus Metern werden Kilometer. Am Ende siegt die Ausdauer und ich bin oben. Dieses Spiel wiederholt sich bei einer so großen Tour immer wieder. In diesem

Vom Rhein bis Wolgograd　　　　　　　　　　　　　　　Epoche: 1989–1990

Montag, 16. 7. 1990: Grenze CSSR – UdSSR, Gedenkstätte

Fall ist das Oben etwas Besonderes. Es ist eine Gedenkstätte für die sowjetische Armee. Auch heute wird sie von Schulklassen besucht. Die Kinder tummeln sich und klettern auf Panzern herum. Lange hat der Aufstieg gedauert. Aber schnell und lange ist die Abfahrt. Das flache Land reicht bis an die russische Grenze. Gegen 16.00 Uhr bin ich schon da. Meine Ankunft hier melde ich telefonisch nach Hause. Meine Ankunft in Kiew ist der 23. 7., auch Montag. Treffpunkt mit Oleg ist das Intourist-Hotel. Jeden Tag habe ich bisher telefoniert. Das ist ab morgen nicht mehr möglich. An der Grenze gebe ich meine Papiere ab und warte. Ich warte 1½ Stunden. Da ist ein Haar in der Suppe. Das Paßbild in meinem Visum ist stümperhaft mit Klammern angeheftet. Der Zöllner glaubt, das Paßbild kann ausgewechselt sein. So kommt man in einen Konflikt. Ich nehme das nicht so ernst. Aber meine Zeit wird so verplempert. Dann kommt die Dame von Intourist. Die Übernachtung in dem Hotel müßte ich mit DM bezahlen. Das lehne ich strickt ab. Ein Russe braucht in Deutschland auch nicht mit Rubel zahlen. Ich sage, das sind internationale Regeln und damit basta. Der neue Wechselkurs ist gegenüber dem vergangenen Jahr sehr gut. Da kann ich als

Tourist ruhig schlafen. Meine Papiere bekomme ich zurück und fahre nach Utschgorod. Das liegt fünf Kilometer weiter. Im dortigen Intourist-Hotel komme ich unter. Ich vertreibe mir noch etwas die Zeit, dann vergesse ich alle Sorgen. Was für Überraschungen wird mir die Tour in diesem Jahr bringen? Zunächst einmal fahre ich die Route vom vergangenen Jahr. Wenn ich Oleg treffe, sehen wir weiter. Mit diesen Gedanken verbringe ich eine ruhige Nacht.

Dienstag, den 17. 7., ab nach Selo Belasowiza, 110 Kilometer

Sehr früh starte ich in Richtung Lvov. Auf halber Strecke liegt mein Ziel. Mit diesem Ort verbindet mich eine besonders herzliche Erinnerung. Ob ich sie wieder treffe, die Armenier? Für sie habe ich einige Geschenke im Gepäck. Zunächst rolle ich nach Muscatcevo. Der starke Verkehr drückt mich Radfahrer fast von der Straße. Aber auch das geht vorbei. Das Risiko unfallfrei zu fahren, ist sehr groß hier. An die Folgen darf ich nicht denken. Meine Richtung ändert sich von Süd- Ost nach Nord-Ost. Damit beginnt der Anstieg zur Karpaten-Passhöhe. Sehr schöne Passagen und Kulissen der Natur sind der Lohn für meine Mühe. Im vergangenen Jahr mußte ich noch meine Unterkunft suchen. Ich hoffe, daß ich heute dort wieder aufgenommen werde. Wieder muß eine Bushaltestelle her, in der ich mir mein Mittagessen koche. Dazu eine kleine Pause, dann fahre ich weiter. Das Wetter ist auch gefällig. Der Aufstieg kostet Kraft. Mir kommt es vor, als seien die Berge steiler geworden. Nachdem ich den höchsten Punkt erreicht habe, rolle ich langsam und vorsichtig in's Tal. Weit ist es nicht mehr zu meinem Tagesziel. Es ist noch hell, so kann ich den Ort und die Unterkunft gut finden. Das konnte ich im vergangenen Jahr nicht. Ich gehe hinein in den Campingplatz. Zunächst sehe ich nur fremde Gesichter. Doch dann sehe ich den Hilfspolizisten. Da ist die Freude groß und das Eis gebrochen. Wir gehen zunächst in die Bar. Da werden mir die neuen Leute vorgestellt und ich denen. Einen echten Wodka und eine Tasse Mokka trinken wir zur Begrüßung. Der Kontakt ist hergestellt. Im Laufe der Zeit stellt sich heraus, daß meine Übernachtung gesichert ist. Das ist nun klar. Dann fährt der Hilfspolizist mit mir in seine Wohnung. Die Mutter macht uns ein Abendbrot. So echt nach Landesart. Ich muß die Leute bewundern. Sie haben nicht viel. Die Unterkunft und die Wohnung sind doch sehr dürftig. Sie wollen mir eine Freude machen. Doch dann kommt der Vater, er ist noch jünger als ich. Er möchte gerne nach Deutschland auswandern. Vorsorglich notiere ich mir seine Personalien. Ich werde versuchen zu tun, was ich kann. Wir fahren wieder zurück. Die Vorbereitungen für die Nacht werden getroffen. Das Rad kommt unter Verschluß. Mein Bett bekomme ich in einem Schlafcontainer. Dazu schlafen noch zwei Personen in dem Raum. Der Reiseleiter und sein Helfer einer Frauengruppe aus Muskacevo. Sie sind mit einem Bus hier und besuchen die Karpaten. Der Reiseleiter spricht deutsch. Die Mutter ist eine Deutsche. Die Gruppe veranstaltet in dem großen Restaurant zum Abschied einen gemütlichen Abend. Ich liege schon im Bett. Gesang ist die wichtigste Unterhaltung aller Gruppen hier. Gut höre ich ihre Lieder. Sie gehen mir doch an die Seele. Die Frauen schmettern nur so ihre Sehnsucht heraus über Freud und Leid. Ich mußte zuhören. Ich bin aber eingeschlafen. Die fraglichen Armenier sind nicht mehr hier. Gerne hätte ich sie wiedergesehen.

Mittwoch, den 18. 7. starte ich nach Nikojalev, 110 Kilometer

Der neue Morgen vereint uns alle wieder im großen Speisesaal zum gemeinsamen Frühstück. Es ist sehr gut und reichlich, ich muß das erwähnen. Ein Erinnerungsfoto wird gemacht, dann verabschieden wir uns. Noch kann ich die Berge nicht verlassen. Noch höher muß ich steigen. Bei einer guten Wetterlage trete ich kräftig in die Pedale und bin bald oben. Ich steige vom Rad und schaue in die Ferne. Nach Nord, Ost, Süd und West. Es ist eine gute Fernsicht. Dann steht mir eine schöne, lange und romantische Abfahrt bevor. Die Strecke zum Ziel gefällt mir sehr und ist abwechslungsreich. In Nikojalev bekomme ich wieder ein Zimmer und werde freundlich aufgenommen. Viel Abwechslung gibt es hier in dem Ort nicht. Die neuesten Nachrichten und den Wetterbericht höre ich aus meinem Weltempfänger. Ein Hochdruckgebiet liegt über Europa, mit 36 bis 38 Grad Wärme. Ich denke hörst du schlecht? Das haben wir noch nie gehabt. Ich muß mich verhört haben.

Donnerstag, den 19. 7., weiter nach Busk, 80 Kilometer

Die 30 Kilometer bis Lvov sind bald gefahren. Am Stadteingang komme ich auch wieder an dem Geschäft vorbei, in dem ich mir die ranzige Margarine gekauft habe. Ich schaue nur rüber und murre: „Schweinerei". Wem will ich da Vorhaltungen machen? In der Mitte der Stadt halte ich vor dem Intourist-Hotel. Ich mache einen Versuch nach Hause zu telefonieren. Aber nein, es geht nicht. Ich erzähle noch mit der Telefonistin. Da bemüht sich die Chefin von den Damen um mich. Ich erzähle ihr meine Tour. Bei der Kardinalfrage, wie alt ich sei, ist die Bewunderung wieder sehr groß. Es ist ein sehr schönes Gefühl, in meiner Situation und Einsamkeit, mit einem Menschen sprechen zu können. Dafür bin ich sehr dankbar. Es ist wie eine moralische Auffrischung. Nun gibt die Dame Anweisungen auf russisch. Ein Kellner kommt und führt mich in den Speisesaal. Ich bekomme zu essen und zu trinken. Ich bedanke mich für diese Herzlichkeit. Viel Verkehr und ein altes, holperiges Kopfsteinpflaster erschwert mir die Ausfahrt aus der Stadt. Froh bin ich, als ich die Asphaltstraße wieder erreicht habe. Die Strecke bis Busk ist mir bekannt. Das Mini-Hotel finde ich bald. Zwei Jungen sitzen in der Rezeption. Ich möchte übernachten, spreche ich. Nein. nein sprachen sie. Nun gehe ich ja nicht gleich. Dabei denke ich an den schönen Samstag im vergangenen Jahr hier. Bald kommt auch die junge Mutter. Ich gebe ihr zu verstehen, daß ich nicht mehr weiterfahren kann. Sie sagt mir, ich soll zur örtlichen Polizei fahren und mir die Genemigung holen. Sie genehmigen sofort. Ich bekomme ein Zimmer. Das Fahrrad wird in einen Raum geschlossen. Es folgt eine Serie von Überraschungen.

Freitag, den 20. 7., ich möchte nach Rovno, aber ... 120 Kilometer

Nach dem Frühstück hole ich mein Rad aus dem verschlossenen Raum. Da ist in meinem Vorderrad keine Luft mehr. Ich denke, das kann passieren. Schnell montiere ich einen neuen Schlauch, pumpe ihn auf und ab geht die Reise. Nach der Fehlerquelle habe ich gesucht, aber nichts gefunden. Wenn ich heute nach Rovno will, muß ich Tempo fahren. Das Wetter ist noch gut. Meine Mittagsmahlzeit nehme ich wieder in einer Bushaltestelle ein. Eine kurze Pause gönne ich mir dazu. Ich fahre weiter und merke, mein Vorderrad verliert wieder Luft. Donnerwetter, denke ich, da stimmt etwas nicht. Ich nehme mir nun den Mantel einmal vor und prüfe ihn. Genau und mit Druck suche ich im Innenmantel Zentimeter für Zentimeter ab. Meine Fingerspitze hakt an einer winzigen Spitze an. Mit der Taschenlampe sehe ich etwas Helles blinken. Mit einer Pinzette hole ich eine Nadelspitze von 2,5 Millimeter Länge aus dem Gummi. Jetzt suche ich auch nach dem Defekt von heute Morgen. Auch hier werde ich fündig. Es ist das gleiche Projektilchen. dabei muß ich bemerken, daß ich Spezialreifen fahre. In der Lauffläche ist eine Schicht „Kevlar" eingearbeitet. Sie verhindert bzw. erschwert das Eindringen von spitzen Gegenständen in die Lauffläche. Ich mache mir meinen Reim daraus, der Leser wohl auch. Zu allem Übel fängt es auch noch an zu regnen. Ich decke alles wasserdicht ab. Das Rad habe ich mit meinem dritten Schlauch repariert.

Viel Zeit habe ich bei dem ganzen Rummel verloren. Das wird sich rächen. Was soll ich nun machen? Ich fahre weiter. In Dubnov, 40 Kilometer vor Rovno läßt der Regen wieder nach. Es ist schon spät. Nur mit erhöhtem Tempo kann ich es noch bis Rowno wagen. Hier werde ich kein Quartier finden. Im vergangenen Jahr bin ich hier von zwei Damen abgewiesen worden. Also fahre ich weiter. Nach drei Kilometer ist die Straße frisch mit groben Steinchen auf fünf Kilometer Länge geteert worden. Das raubt mir viele Kilometer. Das kommt einem Todesurteil für einen Radfahrer mit schmalen Reifen gleich. Es ist wieder soweit. Ich muß handeln. Die Fahrbahn ist wieder gut. Der Tag neigt sich dem Ende zu.

Die Fernfahrer und Busse donnern nur so an mir vorbei. An einem großen Rastplatz mit einer großen Bushaltestelle halte ich an. In einer danebenstehenden Imbißstube versuche ich eine Übernachtungsmöglichkeit zu bekommen. Ohne Erfolg. Wieder fängt es an zu regnen. Weiterfahren hat keinen Sinn mehr. Ich drücke mich in eine ruhige Ecke auf eine ideale Bank. Hier bleibe ich und denke: „Schau zu, was du aus dieser Nacht machst!" Zuerst lege ich meine große Plastikplane doppelt auf die Bank. Als Kopfkissen benutze ich meinen kleinen Rucksack. Die Trainingshose und Jacke ziehe ich über. Da, was sehen meine Augen? Freund Adebar hockt 50 Meter von mir gegenüber auf einem Mast. Also bin ich nicht alleine. Der Regen prasselt nur so von oben. Ich bin froh, daß ich ein Dach über dem Kopf habe. Auf der Straße wird es ruhiger. Zufriedenstellend und warm habe ich mich hier eingerichtet. Von unten und oben habe ich meinen Körper gut abgedeckt. Nur schlafen darf ich nicht. Wenn ja, dann nur mit einem Auge. Das Rad ist an der Bank angeschlossen. Gegen den Himmel blicke ich zu meinem Freund. Er ist noch da. Die Stunden verrinnen. Im Osten geht langsam die Sonne auf. Ein neuer Tag beginnt. Freund Adebar ist schon auf Futttersuche. Etwas Klappern hörte ich wohl, da muß er sich verabschiedet haben. Den nicht geschlafenen Schlaf reibe ich mir aus den Augen. Meine müden Glieder recke und strecke ich. Das Wetter ist trocken. Ich glaube, es wird ein Sonnentag. Meine Schlafstelle räume ich auf und mache das Rad startklar. Dann koche ich mir eine warme Suppe und frühstücke mit meinen besten Sachen, die ich in meinem Magazin habe. Dabei denke ich über die Nacht nach. Nur ein Kopfschütteln ist das Ergebnis.

Samstag, den 21. 7., weiter bis Novagorod, 130 Kilometer

Meine Etappen vom vergangenen Jahr sind durcheinander geraten. Ich muß mir neue Übernachtungsorte aussuchen, mit einer täglich erreichbaren Entfernung. In den ersten Stunden des neuen Tages spüre ich doch, daß ich kein Auge zugetan habe. Am Rande der Straße sehe ich eine Bank. Sie zieht mich wie ein Magnet an. Hier gönne ich mir eine halbe Stunde Pause. Dabei nicke ich oft ein. Aber ein Auge ist immer wachsam. Zugleich mache ich Mittag. Nach zwei Stunden erreiche ich Novagorod. Wenn ich hier ein Mini-Hotel finde, bleibst du hier. Ich freue mich auf eine ruhige Nacht. Gleich am Ortseingang sehe ich ein modernes Gebäude. Es ist ein Hotel. Ich muß mich beeilen. Schon wieder fängt es an zu regnen. Mit dem Rad muß ich mehrere kurze Treppenstufen steigen. Ich gehe in die Vorhalle. Sie ist groß und sieht gut aus. Mein Rad stelle ich in eine Ecke und sichere es mit meinem Spezialverschluß. In der Rezeption sitzt eine gut gekleidete Dame. Auf dem Stuhl eine ältere Frau. Ich bitte um ein Zimmer. Nein, nein, dawei, dawei, unmöglich. Mit Geschenken versuche ich mein Glück.

Nichts zu machen. Sie weisen mich kühl ab. Dann gerate ich in mein Element. Mit Händen und Füßen versuche ich unterzukommen. Da geht ein Mann vorbei, geht über die breite Treppe nach oben. Auf halber Höhe dreht er sich um und spricht, ich soll erst einmal im Restaurant essen gehen, übersetzt mir die Dame. Nach dem Essen gehe ich wieder zu ihr. Jetzt bekomme ich mein Zimmer. Im ersten Stock, auf einem langen Flur, das letzte links. Der Schlüssel will nicht öffnen. Sie holt Hilfe aus dem Nebenzimmer. Mit Rad, Sack und Pack gehe ich hinein. Zwei Betten stehen da. Der Wasserhahn und das Waschbecken sind abgerissen. Abschließen von innen ist ein Problem. Die Tür zum Balkon muß ich mit Stühlen sichern. Dann atme ich tief durch. Ich höre die Nachrichten und lege mich danach in's Bett. Im Halbschlaf höre ich ein Klopfen an der Tür. Ich mache auf, da steht ein Mann und grinst und redet auf mich ein, in russisch. Er schaut sich im Zimmer um. Dann spreche ich, dawei dawei und mache ein Zeichen, daß ich schlafen will. Es ist 23.00 Uhr. Er geht wieder raus. Ich bin gewarnt. Sofort treffe ich meine Vorbereitungen für einen eventuellen zweiten Besuch. Meine Fahrerkluft ziehe ich an, mache mein Fahrrad startklar, daß ich sofort mit ihm in den großen Vorraum und wenn nötig auf der Straße verschwinden kann. Mein Gasschutzgerät, meinen Dolch und die Taschenlampe verstaue ich in meine Trikottaschen auf meinem Rücken. Das kann er nicht einsehen. Man muß ja nicht wissen ob er wiederkommt. Kaum bin ich nach 30 Minuten mit meinen Vorsichtsmaßnahmen fertig, da klopft es wieder. Ich mache auf. Wer steht da, er. Mit einer Armbewegung schiebt er mich auf mein Bett. Dann deutet er an, daß er in dem anderen Bett schlafen will. Ich fange an zu toben und werde wild. In aller Seelenruhe zieht er sich aus und legt sich in das Bett. Da hat es bei mir geklingelt. Hier muß etwas Außergewöhnliches geschehen, schießt es durch meinen Kopf. Ich bin noch am Toben, da ein Schrei von mir, mein Herz, mein Herz, mein Herz. Ich sacke zusammen und halte mit meinem rechten Arm mein Herz. Besser kann kein Mensch diese Szene spielen. Dann rufe ich nach dem Doktor, Doktor, Doktor. Schnell hole ich meine „rote Pille", mit etwa Wasser schlucke ich zwei. Dann sacke ich wieder wie ein naßer Sack zusammen. Mit einem Auge linse ich zu dem gegenüberliegenden Bett. Er hat genug von diesem Theater. Schnell zieht er sich an und verschwindet durch die Tür. Ihn habe ich nicht mehr gesehen. Einen Doktor hat er aber auch nicht geschickt. Es hätte ja nötig sein können. Bis 1.00 Uhr habe ich im Zimmer bei Licht gewartet, ob nun Ruhe ist. In dieser Zeit habe ich die drei defekten Schläuche geflickt. Dann gebe ich mir Entwarnung. Einige Stunden habe ich noch geschlafen.

Sonntag, den 22. 7., weiter nach Chitomir, 100 Kilometer

Auf dem Zimmer mache ich mir in aller Frühe etwas Warmes zu essen. Meine

Papiere hole ich ab und verlasse das Haus. Die Nacht beschäftigt mich immer noch. Froh und dankbar bin ich, daß ich diesen Einfall hatte. Er hatte die Situation gerettet. Mit verhaltenem Tempo trete ich in die Pedale. Die zwei schlaflosen Nächte machen sich bemerkbar. In Kiew bin ich bald, dann werde ich mich ausschlafen. Die Etappe heute ist flach und kurz. Es ist sehr warm. Durst habe ich. In den Ortschaften kaufe ich mir Limonade, trinke und fülle meinen Trinkbehälter wieder auf. Diese Limonade schmeckt ausgezeichnet und löscht nachhaltig den Durst. Bald bin ich in Chitomir und komme im Intourist-Hotel unter. Ich habe mich so auf eine kalte Dusche gefreut, aber es läuft kein Wasser. Mein Rad wird im Keller eingeschlossen. Da stehen noch acht Rennräder. Sie gehören einer Gruppe aus Rowno. Wir nehmen Kontakt auf. Ein junger Russe besorgt mir Wasser, wenigstens zum Trinken. In einem Einmachglas bringt mir die Zimmerfrau das Wasser. Um 20.00 Uhr läuft das Wasser wieder. Bis zum Schlafen vertreibe ich mir die Zeit mit einem Stadtbummel. Dabei sehe ich viel, studiere, höre und staune.

Montag, den 23. 7., ab nach Kiew, 130 Kilometer

Ich bin wieder in einer guten Verfassung. Den fehlenden Schlaf habe ich nachgeholt. Die Straße zieht sich unheimlich lang und länger. Sie ist sehr breit. Rechts und links sind je zwei Fahrbahnen. Dazwischen hat es einen breiten Grünstreifen. Am Rande je 40 Meter Gras mit Unterholz und Pappeln. In lichten Stellen sehe ich dann riesige Kolchosen-Felder. Da stehen Erfolgstafeln der Brigaden. Es will mir nicht in den Kopf. Diese riesigen Felder von Utschgorod bis Wolgograd, dann diese schlechte Versorgungslage. Was ist der Grund dafür? Am Rande der Straße weiden viele ältere Menschen eine Kuh oder ein Schaf. Mit einer Leine an der Hand stehen oder liegen sie da. Das sind so meine Gedanken während der Fahrt. Es ist Mittag, ich mache mir ein Essen, wieder einmal in einer Bushaltestelle. Dabei gibt es heute etwas Besonderes. Ich habe mir eine geräucherte, grobe Krakauer Wurst erstanden. Allmählich komme ich Kiew näher. Vor der Stadt halte ich an einem Campingplatz. Hier möchte ich eine Gaskartusche als Reserve kaufen. Aber es gibt keine. Ein Bus steht vor dem Eingang. Die Menschen sind ausgestiegen und vertreten sich. Von einer älteren Frau werde ich angesprochen. Ich erzähle ihr von meiner Reise. Sie selbst kommen aus Tschernobyl und fahren zur Kur in die Slowakei. So fühle ich mich hier hautnah mit dem schrecklichen Unglück verbunden. In der Stadt sind steile Berge zu fahren. Bald habe ich das Intourist-Hotel erreicht. In gespannter Erwartung betrete ich die Vorhalle. In der Rezeption bestelle ich ein Doppelzimmer. Dann erkundige ich mich nach Oleg Petruschin. Ich schaue mich um, aber noch kann ich keinen „Radfahrer" sehen. Ein Portier zeigt mir sein Fahrrad. Also Oleg ist da.

Das ist schon mal gut. Ein Stein fällt mir vom Herzen. Plötzlich steht er vor mir. An meiner Kluft hat er mich erkannt. Die Freude ist groß und wir begrüßen uns ganz herzlich. Oleg ist eine nette, sportliche Erscheinung. Ich bin froh, daß ich manche Sorge unterwegs nun los bin. Die Räder bringen wir unter Verschluß und gehen auf das Zimmer. Ich muß sagen, vom ersten Augenblick an verstehen wir uns in allen Fragen, die anstehen. Aus unserem Vorrat machen wir uns das Abendbrot. Zu einem Begrüßungstrunk lade ich Oleg ein. Bei einem Bier besprechen wir unsere gemeinsame Fahrt. Dabei bekomme ich ein Gefühl, daß ich mit seiner Hilfe das große Ziel erreichen werde. Wir studieren die Karten und fahren mit den Fingern schon bis Wolgograd. Die mir fehlenden Karten brachte er mit. Zufrieden legen wir uns schlafen.

Dienstag, den 24. 7., auf nach Jakotin, 120 Kilometer
Bei guten Wetter starten wir nach Osten. Bei dem Verkehr müssen wir höllisch aufpassen. Ich merke, Oleg versteht sein Handwerk. Wir kommen gut über die große Brücke und schwenken in Richtung Poltawa ein. Aber ehrlich, wir sind die einzigen Radfahrer weit und breit. Von den Autofahrern werden wir fair behandelt. Zu meiner Überraschung stelle ich fest, daß man die Auffahrt zur Autobahn inzwischen fertiggestellt hat. Im vergangenen Jahr war das eine schwierige Stelle. Wir erreichen Borispol und die Flughafenauffahrt. Erinnerungen werden vom vergangenen Jahr wach. Zügig geht die Fahrt weiter und es rollt gut. Wir fahren durch eine sehr schöne Landschaft. Oleg organisiert in einem Restaurant etwas Warmes zum Essen. Durch ihn geht das schneller. Wir nähern uns Jakutin, dem Wendepunkt im vergangenen Jahr. Wie werden wir dort empfangen? Wird man mich wiedererkennen? Heute kommen wir rechtzeitig an. In der Rezeption sitzt dieselbe Dame auf ihrem Thron. Oleg führt die Verhandlung mit ihr. Sofort bekommen wir ein Zimmer. Das Restaurant ist auch noch auf. Wir können noch warm essen. An der Kasse sitzt eine junge Frau, fein gekleidet mit einem Häubchen auf dem Kopf. Sie erkennt mich wieder und lächelt. Sie kann nicht wissen, daß meine Tour hier im vergangenen Jahr gescheitert war. Also mit Oleg läuft es prima. Wir verbringen eine ruhige Nacht.

Mittwoch, den 25..7., weiter nach Chorol, 140 Kilometer
Nach einem guten Frühstück starten wir nach Osten. Das Frühstück kann man gegenüber dem vergangenen Jahr nicht wiedererkennen. Dazu die Dame an der Kasse mit ihrem Lächeln und ihrem Häubchen auf dem Kopf. Es hat nicht sollen sein, 1989. Selbst Oleg gefällt es hier. Jeder nimmt zwei Limonadenflaschen, dann geht es auf die Strecke. Also kaltes Wasser mit einer Vitamintablette im Trinkgefäß, diesmal nicht. Es ist sehr warm und die Sonne brennt unbamherzig.

Vom Rhein bis Wolgograd   Epoche: 1989–1990

Dienstag, 24. 7. 1990. Zwischen Kiew und Jakotin, Rast an einer Wasserstelle. Man beachte die weiten Kolchosefelder. Gut 2000 Kilometer bin ich nur durch solche Felder, die Kornkammer Europas, gefahren.

Mittagspause in einer Gaststätte

Froh bin ich, daß ich mein Käppi habe. Es ist leicht und luftig und der Schirm nach unten geklappt, schirmt es mein Gesicht vor den Sonnenstrahlen ab. Die Strecke ist flach, aber dennoch wiederholen sich lange und tiefe Mulden im Gelände. Sie haben zum Teil ein Gefälle und eine Steigung von 10 Prozent. Viele hier werden das noch kennen. Mit Schwung fahren wir runter und mit dem richtigen Gang auch wieder rauf. Gegen Mittag peilen wir eine größere Stadt an. In einem Restaurant gehen wir essen. In der Beziehung hat sich die Lage sehr gebessert. Wir kommen gut voran und unserem Tagesziel immer näher. Auf der Hauptstraße hält Oleg an und zeigt mir die Karte. Hier muß es nach Chorol gehen. Fachkundig bestätige ich seine Meinung. Über eine Landstraße fahren wir vier Kilometer und befinden uns in einem Dorf, besser gesagt, in einer Kleinstadt mit einem kulturellen Zentrum. Bald hat er auch das Mini-Hotel ausfindig gemacht. Ohne Schwierigkeiten bekommen wir unser Zimmer. Wir quartieren uns ein. Dann gehen wir in ein gefälliges Restaurant nebenan. Dort essen wir sehr gut und bekommen doch tatsächlich ein gutes Bier. Das hätten wir nicht für möglich gehalten. Diesen Ort hätte ich alleine wohl nicht gefunden. Oleg hat sich schon bezahlt gemacht.

Donnerstag, den 26. 7., Start nach Poltawa, 100 Kilometer

Gemeinsam nehmen wir unser Frühstück auf unserem Zimmer ein. Jeder steuert seine Spezialitäten dazu bei. Mit meinem Kocher machen wir uns einen guten Kaffee. Nun fahren wir die vier Kilometer wieder zurück auf die Rollbahn. Die Straßen sind sehr voll. Hier ist das Radfahren kein Vergnügen. Ich glaubte im inneren des Landes würde der Verkehr abnehmen, weit gefehlt. Ja, viele und weite Kolchosen, dazu ein dichter Autoverkehr mit „Unterversorgung und ohne Wachstumsraten". Auf halber Strecke rasten wir in einer Bushaltestelle und machen Mittagspause. Danach treten wir kräftig in die Pedale und erreichen unser Ziel Poltawa. Es ist eine Stadt mit Rang und Namen. Im dortigen Intourist-Hotel kommen wir unter. Sofort melde ich ein Gespräch in Brühl an. Aber bitte warten. Ich muß heute eine Nachricht nach Brühl durchbringen. Immer warten auf eine Nachricht von mir, nervt auch ganz schön meine Frau. So bleiben wir auf dem Zimmer. Gegen 23.00 Uhr hören wir die Nachrichten, dann ist das Gespräch da. Ich gebe einen positiven Bericht über unsere Lage ab und denke alle in der Heimat befriedigt zu haben.

Freitag, den 27. 7., weiter nach Sachnovscina, 130 Kilometer

Nach dem Frühstück fahren wir weiter in Richtung Charkov. Noch 23 Kilometer fahren wir auf dieser Strecke, dann schwenken wir nach Süd-Ost. Das ist die Richtung Izum – Millerowo – Wolgograd. Lange haben wir gestern Abend über

*Sonntag, 29. 7. 1990. Das hier ist ein Mini-Hotel in Svatovo.
Die älteste Unterkunft auf meiner Reise.*

Dienstag, 31. 7. 1990. Die Kirche in Krovorozje wird renoviert.

den Karten gesessen und uns zu dieser Route entschieden. Jetzt fahren wir durch das Land, wo ich die Vergangenheit „damals" erlebt habe. Vor allem in Millerowo. Es soll mir vergönnt sein, den Ort wiederzusehen. Die Gedanken kreisen ständig um die Gegenwart und um meine Vergangenheit hier. Der Verkehr ist hier viel ruhiger. In Kasnograd kehren wir in ein Restaurant ein und essen zu Mittag. In der Pause denke ich, so kann es problemlos weitergehen. Ich will ja schon alles erdulden, wenn nur das Ziel erreicht wird. In einer guten Verfassung fühle ich mich und mit Oleg kannst du Pferde stehlen. Wir kehren in Sachnovscina in ein Mini- Hotel ein. Wir verpflegen uns und bereiten den neuen Tag vor.

Samstag, den 28. 7., auf nach Izum, 130 Kilometer

Wir beide haben uns jetzt eingefahren. Bei gutem Tempo fahren wir unsere Kilometer. Heiß brennt die Sonne. In den Geschäften versorgen wir uns mit dem, was das geringe Angebot uns bietet. Fast jeden Tag eine große, geräucherte Krakauer Wurst, Brot, Teilchen und auch Marmelade. So ein Einkauf ist für uns immer eine angenehme und erlebnisreiche Abwechslung. Dazu kommt oft der hautnahe Kontakt mit den ländlichen Bewohnern. Oft winkt man uns zum Abschied nach. Die Probleme hier kann man schon ahnen. Unser Mittagessen nehmen wir wieder in einer Bushaltestelle ein. Bald haben wir Izum erreicht. Im Intourist-Hotel kommen wir unter. Oleg kauft noch etwas ein. Denn morgen ist Sonntag. Wir bummeln noch durch die Stadt. In einem Lokal landen wir in einer Hochzeitsfeier. Fröhlich und ausgelassen ist die Stimmung. Das Brautpaar und die Brautpaar-Eltern werden umworben und sind im Mittelpunkt. Die Tische sind voll, es herrscht keine Not. Oleg will eine Nachricht nach Wolgograd geben, kommt aber nicht durch.

Sonntag, den 29. 7., weiter nach Svatowo, 110 Kilometer

Nun beginnt die Strecke, welche man das unbekannte Land nennt. Das gilt, für mich als auch für Oleg, in Bezug auf die Straßen. Aus der Luft ist Millerovo, der Donbogen, Stalingrad, der Elton-See erlebte Vergangenheit. Für dieses Gebiet hat Oleg eine Spezialkarte mitgebracht. Lange haben wir darüber gebrütet, welchen Weg wir nehmen. Ob über Millerovo oder Morosovskaja. Er entscheidet sich für Millerovo. Für mich geht damit ein Wunsch in Erfüllung. Ob er mir damit auch eine Freude bereiten will? Andererseits war seine Großmutter in Morosovskaja evakuiert gewesen. Im ersten Fall rollen wir so richtig durch das Land der Kolchosen. Unendlich weite Flächen. Dazu kommen auch kleine Dörfer und Straßen ohne Asphalt-Decke. Im anderen Fall die Rollbahn mit ihrem Gestank und starken Verkehr. Wir starten in Richtung Nord-Ost. Im nächsten größeren Ort schnuppern wir im Laden, ob es für uns etwas Brauchbares zu kaufen gibt.

Das machen wir beide gerne. Die gute Limonade brauchen wir täglich. Ohne die LKW's ist es ein Vergnügen hier zu fahren. Das Getreide ist schon geerntet. Die Sonnenblumen stehen schon in Blüte. Die Sonne reift sie noch immer. Uns aber auch. Es ist sehr heiß. Durch den Ostwind bekommen wir den Blüten- und Honigduft so richtig vor die Nase. Man stelle sich einmal vor, ein Quadratkilometer Sonnenblumenfeld in voller Blüte. Die Straße und die Felder sind von Bienen beflogen. Eine Brücke führt über einen großen See, mit viel Wald und einem Erholungsgebiet dazu. Von einem Niemandsland kann man hier nicht sprechen. Wir nähern uns unserem Ziel. Oleg muß sich heute mehr als üblich bei seinen Landsleuten Erkundigungen einholen.

Wir fahren in den Ort. Frauen stehen da und bieten Tomaten zum Verkauf an. Weil es so schöne Früchte sind, kaufen wir uns welche für das Abendbrot. Dann suchen wir die Unterkunft, das Mini-Hotel. Die Nummer X in der ... Straße. Dann stehen wie davor, schauen uns an und schütteln mit dem Kopf. Die Tür vor dem Haus ist verschlossen. Wir gehen um das Haus. Hinten ist ein Erker, wir gehen hinein. Da meldet sich eine Frau. Alles andere ist für Oleg eine Formsache. Hier dieses ist wohl das älteste Mini-Hotel, das wir bewohnt haben. Es muß noch aus der Zarenzeit sein. Wir machen uns ein Abendbrot mit unseren Tomaten. Dann hören wir die Nachrichten und legen uns zur Ruhe.

Montag, den 30. 7., weiter nach Belovodsk, 110 Kilometer

Das Wetter und die Landschaft wie gehabt. Oft muß sich Oleg neu orientieren. Die Straßen geben in Bezug auf die Beschilderung für uns die Richtung sehr schlecht an. Jetzt sind wir im echten Hinterland. Wolken ziehen sich zusammen und es fängt an zu regnen. Ein Unterstand steht zur Verfügung. Der Regen hört auf, es geht weiter. Unscheinbar liegt in der Ferne, von Bäumen abgedeckt ein Dorf. Wir kommen näher und fahren in den Ort. Es herrscht Leben. Aber kaufen können wir hier nichts. Oleg hat erfahren, die nächsten sieben Kilometer sind nicht asphaltiert. Damit habe ich immer gerechnet. Es hätte doch sonst in meinen Reiseerlebnissen gefehlt. Die ersten Kilometer sind normal. Dann beginnt die Mutter-Erde-Strecke. Oleg hat breite, ich schmale Reifen. Aber zu meinem Erstaunen ist die Fahrbahn von den Autoreifen festgefahren. Es fährt sich gut. Dann sehe ich, es ist die berühmte schwarze Erde der Ukraine. Den letzten Regen hat die Sonne wieder getrocknet. Nach zwei Kilometern kommt Alarm von Oleg. Speichenbrüche hat er schon oft gehabt. Aber jetzt ist es kritisch. Ein Reifen ist im Gewebe defekt. Er will damit weiterfahren. Ich sage, das ist unmöglich. Im Gepäck hat er kräftig gummiertes Leinen. Das war früher eine Unterlage. Dies machen wir auch jetzt. Den Reifen pumpen wir wieder auf. Die Wölbung ist weg, er ist stabilisiert. Da ist mir doch ein Stein vom Herzen gefallen. Während der Reparatur habe ich die Zeit genutzt, die schwarze Erde zu untersuchen. Es muß schon eine fruchtbare Erde sein. Damit muß man eine gute Ernte bekommen. Wir fahren weiter, Die Straße verläuft weiter in ein kleines Tal. Je tiefer wir kommen, umso feuchter ist die Erde. Das hat zur Folge, unsere Räder klumpen. Das hat schon Napoleon erfahren. Da kann uns das auch passieren. Wir schieben unsere Räder über die kritische Stelle auf die trockene Straße. An einer Wasserstelle waschen wir die Räder sauber. Nach einer Stunde erreichen wir unser Tagesziel. Diesmal ist es ein schönes, kleines Mini-Hotel. Wir bekommen hier sogar ein Abendessen mit Bratkartoffeln, Eier und Speck. Das ist für uns ein Festessen. So wechselt das Stimmungsbarometer stündlich vom Hoch in's Tief und umgekehrt. Das „Niemandsland" haben wir aber fest im Griff.

Dienstag, den 31. 7., weiter über Millerovo nach Krivorozje, 140 Kilometer

Bei sehr gutem Wetter und Rückenwind, fahren wir auf Tempo. An abgeernteten Getreidefeldern und Sonnenblumenfeldern vorbei, die in voller Blüte ste-

Nach 48 Jahren, Wiedersehen mit meinem Feldflugplatz
M i l l e r o v o
31. 7. 1990

hen, soweit das Auge reicht. Die Kilomteter zähle ich schon bis Millerovo. Ob ich aus meiner Erinnerung dort noch etwas vorfinde? Den Flugplatz vielleicht, denn er ist ja groß genug. Wir werden sehen. Am Eingang steht das Emblem der Stadt aus Stein. Das haben in der UdSSR alle größeren Städte. Oleg macht ein Erinnerungsfoto von mir. Dann fahren wir durch die Stadt. Ich sollte es nicht bereuen. Wir fahren über die erhöhte Brücke am Bahnhof in Richtung Osten. Am Ortsausgang lichten sich die Häuser. Noch einige Kilometer, dann fahren wir plötzlich am Flughafen vorbei. Einige kleine Sportmaschinen stehen auf dem Rollfeld. Er ist noch in Betrieb. Wir steigen ab. Meine Augen suchen die Vergangenheit. Dort oben sehe ich noch das Gebäude, in welchem die Flug- und Lagebesprechung durchgeführt wurde. Dann sehe ich den Platz, wo unsere „Kurfürst" immer stand. In Erinnerung kommt auch der 19. 11. 1942. Es ist der Tag der Kriegswende im Osten. An diesem Tag flog ich auch meinen letzten Einsatz. Es sind noch 40 Kilometer bis zur nächsten Unterkunft. Wir finden hier ein älteres Mini-Hotel. Auch hier fehlt so Manches. Aber ein Fernseher steht im Zimmer. Eine Kirche wird renoviert. Die Türme strahlen schon im neuen Glanz.

Mittwoch, den 1. 8., weiter in Richtung Mankovo, 130 Kilometer

Für mich wird die Fahrt immer aktueller. Aber auch Oleg freut sich, daß wir es bald geschafft haben. Er will noch mit seiner Radsportgruppe in den Kaukasus fahren. Ständig gleiten meine Augen über diese Landschaft. In Fahrtrichtung gesehen liegt links der Don-Bogen. Gegen Mittag kochen wir uns wieder eine gute Suppe. An die letzten Reserven gehen wir. Gegessen haben wir immer soviel, wie wir für die nächste Etappe brauchen. Heute ist wieder sehr schönes Wetter. Der Verkehr ist mäßig. Vor mir läuft ein kleines Kätzchen genau am Rande der Straße. Als ich es überhole, miaut es jammervoll. Wo kommt es her? Weit und breit ist kein Haus zu sehen. Ich muß es seinem Schicksal überlassen. Wo werden wir heute schlafen? Oleg wird es richten. Auf ihn kann ich mich verlassen. Eine größere Stadt gibt es nicht hier in der Nähe. Dann zeigt er in der Ferne auf ein kleines Dorf mit einer Kolchose. Hier müßten wir versuchen, eine Unterkunft zu bekommen. Das alles liegt so friedlich in einer Feierabendstimmung. In dieser Ansiedlung macht er ein Gebäude, eine Unterkunftsstelle für Kolchosen- Saisonarbeiter, ausfindig. Das war Maßarbeit. Wir nähern uns diesem Gebäude. Es ist einstöckig, flach und circa 50 Meter lang. Die Mühlen laufen noch. Sie trennen die Spreu vom Weizen. Es ist 18.00 Uhr und die Kolchosenarbeiter kommen von der Arbeit. Aber auch die Straßenbau-Reparatur-Kolonne findet sich ein. Beide Gruppen haben in der Sonne ihre Arbeit verrichtet. Zunächst hauen sich alle auf die Bänke vor dem Haus hin. Einfache Tische stehen davor. Äpfel werden verteilt, bzw. auf den Tisch ausgebreitet. Unsere Räder haben wir an den Holzzaun gelehnt. Wir beide sitzen mitten in dem Kreis. Na, denke ich, ob wir hier unterkommen? Das wird Oleg schon klären, sag' ich mir. Dann setzt sich der Brigadier dazu. Er übersetzt mir die Situation. Die Verwalterin muß erst kommen, die hat das Sagen. Aber wir sollen bleiben, wir werden hier schlafen können. Dann erhalten wir die Anweisung, wir sollen uns schon brausen. Das alles hier möchte ich gerne im Bild festhalten. Oleg bittet mich, es nicht zu tun. Ich verstehe warum. Ich brauche nicht zu erwähnen, daß das Bad für uns eine Wohltat ist. Der Brigadier ist für uns der Mann. Er ist ein dunkler Typ und läßt mich fragen, was für ein Landsmann er ist. Er ist ein Armenier und hier verheiratet. Jetzt erinnere ich mich an die armenische Gruppe in Selo-Belasowiza vom 3. 8. 1989. Sie waren Erdbeben geschädigt und dahin evakuiert. Sehr gut hatten sie mich betreut. Jetzt werden wir zum Essen eingeladen. Siehst du, sage ich mir, das ist die Paralelle vom vergangenen Jahr. In einem schlichten Raum essen wir mit ihm und seinem Volontär aus Charkow. Es gibt Bratkartoffeln mit Eier und Speck. Dazu Tomatensalat, Brot mit einem guten Kaffee. Abschließend trinken wir einen guten armenischen Cognac. Eine Stunde sitzen wir noch zusammen. Dann geht er in seine Kammer. Er kommt wieder und schenkt mir einen Dolch für meine Frau, als Halskette. Ich bin sprachlos und gerührt. Dann verabschieden wir uns herzlich. Auch ich übergebe ihm für seine Frau ein passendes Geschenk. Für ihn beginnt der Tag sehr früh. Dann werden wir in unseren Schlafraum geführt. Er ist sehr gemütlich. Auch unsere Räder nehmen wir mit. So geht ein erlebnisreicher Tag zu Ende. Die Mühle rattert nicht mehr. Wir haben eine ruhige Nacht.

Donnerstag, den 2. 8., auf nach Kalatsch, 150 Kilometer

Heute fahren wir die vorletzte Etappe. Es ist ein schöner Morgen. Von der Kolchose fahren wir zurück auf die Rollbahn. Es ist kein starker Verkehr und wir können auf Tempo fahren. Das muß man auch schon, bei dieser Entfernung. 30 Kilometer sind wir gefahren. Da sehe ich zum ersten mal den Namen „Wolgograd" auf einem Straßenschild stehen. Das hat mich doch sehr gefreut. Noch etwas weiter kommt eine wichtige Straßenkreuzung. Hier treffen sich die Straßen von Morozovskaja mit unserer nördlichen Umgehung durch das „Niemandsland." Hier legen wir eine Pause ein und essen unser Mittagsmahl. Das noch weite Ziel fordert von uns eine kurze Pause.

Auf dieser Strecke begleiten mich meine Gedanken. Hier ist ein Drama der Deutschen-, Russischen-, und auch der Weltgeschichte geschrieben worden. Was bedeutet noch der Begriff „Sieger." Der Verkehr ist auch wieder stärker. Dann haben wir das linke, hohe Don-Ufer von Kalatsch erreicht. Hier empfinde ich auch die Achtung vor der geschichtlichen Vergangenheit, die mit dem

Namen Kalatsch verbunden ist. Steil fällt das Westufer circa 100 Meter zum Fluß ab. Wir fahren über die Brücke und sind in Kalatsch. In einem Laden kaufen wir unseren Vorrat und Limonade und kommen im dortigen Hotel unter. Zur letzten Etappe für den morgigen Tag, legen wir uns nieder.

Freitag, den 3. 8., auf nach Wolgograd, 130 Kilometer

In froher Stimmung fahren wir los. Meine Augen suchen alles ab, ob ich noch ein Zeichen aus der Vergangenheit sehe. Kräftig treten wir in die Pedale, es ist ja ein kleiner Endspurt. Die Straße und die Eisenbahn verlaufen parallel in Richtung Wolgograd. Ob ich dort die große Eisenbahnschleife noch finden werde? Plötzlich kommt Regen auf. Wir stehen gerade an einer Eisenbahnschranke mit einem Wärterhäuschen. Von der Wärterin werden wir eingeladen, in das Wärterhaus zu kommen. Wir sind im Trockenen, schnell nutzt Oleg die Gelegenheit und macht uns einen Kaffee. Die Schranke ist hoch, es geht weiter. Die Spannung steigert sich. Zunächst fahren wir durch eine kleine Stadt. Sie ist nur ein Vorort. Nun stehen wir aber vor einem Monumental-Bauwerk. Oleg bittet mich, abzusteigen. Er stellt sein Rad ab, kommt auf mich zu und gratuliert mir zu

Am Freitag, 3. 8. 1990, nach 31 Tagen und 3500 Kilometern in Wolgograd am Ziel. Hier Stadtgrenze.

meinem Erfolg. Dafür bedanke ich mich, aber auch für seine Hilfestellung. Das alles trägt so menschliche Züge und das am Ziel. Plötzlich durchdenke ich das Wort Stalingrad in seiner ganzen Tragweite, dann schaue ich nach oben. Die Fahrt weiter in die Stadt zum Treffpunkt Intourist-Hotel ist sehr schwierig, es ist schon mehr ein Spießrutenlauf in dem Berufsverkehr. Ein Dolmetscher vom Wolgograder Stadtrat nimmt uns in Empfang und führt uns in das Hotel. Da drücken wir uns in eine Ecke und atmen erst einmal richtig durch. Ein kleiner Kreis hat sich eingefunden, sich um uns geschart. Viel gibt es zu erzählen. Ich wundere mich, wieviel davon die deutsche Sprache sprechen. Es sind unter anderem Leute von Funk und Fernsehen dabei. Da ist A.B. Bogdanov vom TV Wolgograd. Der darf nicht fehlen. Ich erinnere mich, mit unserem TV-Moderator Fritz Pleitgen hat er 1988 die erste Fernsehbrücke Köln-Wolgograd geleitet. Dann kommt er auf den Nenner. Das Programm für mich spricht er mit mir durch. Am Montag, den 6. 8. 1990 möchte ich um 11.00 Uhr mit meinem Rad und der gesamten Tour-Ausrüstung vor dem Panorama-Museum erscheinen. Zur Eröffnung dieser Feierlichkeiten möchte ich einige Worte sprechen, aber nicht zu lange. Na denke ich, das kannst du ja machen. Aktuelle Themen gibt es dafür reichlich. Also mache ich mir ein Konzept. Am Dienstag um 10.00 Uhr ist ein Empfang beim Oberbürgermeister angesetzt. Am Donnerstag kommt die Partnerschafts-Delegation zur Unterzeichnung des Vertrages zwischen Köln und Wolgograd nach hier. Der Heimflug ist für Montag, den 13. 8. 1990 vorgesehen. Bei guter Stimmung und gutem Bier beenden wir den ersten Kontakt. Mit Oleg fahre ich 20 Kilometer zu seiner Wohnung. Die Entfernungen sind hier weit gesteckt. Es ist vorgesehen, daß ich die Tage bei ihm schlafe.

Samstag, den 4. 8., 1. Tag in Wolgograd

Wie zu Hause fühle ich mich bei Mutter Petruschin. Oleg spielt den Dolmetscher bei unsreren Unterhaltungen. Im Kriege haben sie in der Nähe vom Traktorenwerk gewohnt. Ich denke wieder, mir bleibt auch nichts erspart, so hautnah alles wieder Revue passieren zu lassen. Ich werde still in mir. Im August 1942 flogen wir von Millerovo die Angriffe gegen Ziele in Stalingrad. Die Stadt wurde durch Fesselballons gesichert. Im September waren keine mehr am Himmel. Zu den letzten Angriffszielen gehörte unter anderem auch das Traktorenwerk. Der Gegner verteidigte sich noch in den Ruinen. In 100 Meter Höhe klinkten wir die 1000 Kilogramm-Bomben über diesem Ziel aus. Im Panorama-Museum steht ein zwei Kubikmeter großer Gesteinsbrocken. Die Dolmetscherin erklärt uns, dieser Brocken ist von den deutschen Fliegern aus dem Traktorenwerk herausgebombt worden. Ich stehe daneben als Beteiligter und bin sprachlos.

Am Nachmittag sind wir beide von Olegs Freundin zum Kaffee eingeladen. Ihre Mutter ist auch dabei. Wir erleben einen gepflegten und netten Nachmittag in einer russischen Familie. Man gibt sich alle Mühe, um es schön zu gestalten. Russische Spezialitäten werden vor allem aufgetischt. Die Unterhaltung dreht sich fast immer um das gleiche Thema Zukunft. Das Übel, warum das hier heute so schlecht ist, haben alle erkannt. Ich versuche wenigstens einen Schimmer von Hoffnung zu vermitteln. Dafür ernte ich ein dankbares Lächeln. Mit der Straßenbahn fahren wir wieder nach Hause.

Sonntag, den 5. 8., 2. Tag in Wolgograd

Heute ist ein Besuch in „Alt Sarepta" vorgesehen. Dort haben die Wolga-Deutschen bis in die Anfangszeit des letzten Krieges gelebt. Es liegt 30 Kilometer südlich von Wolgograd. Ein Museumsdorf ist dort im Entstehen. Die Initiative zu dieser Idee ergriff der Geschichtslehrer Pjotr Popow. Wir sind angemeldet und fahren mit dem Taxi nach dort. Sehr freundlich werden wir empfangen. Eine

Die „Rote Mühle"
Diese markante, zerschossene, historische Ruine mitten in Wolgograd, war 1942 für mich ein wichtiger Orientierungspunkt.

kleine Vorgeschichte zu diesem Besuch muß ich einfügen. In der Zeitschrift „Sowjetunion heute" wird geschrieben, daß es Popows Traum sei, das Zentrum von Sarepta so wieder aufzubauen, wie es in der vorrevolutionären Zeit ausgesehen hatte. Beharrlich sucht er nach noch lebenden Deutschen aus Sarepta, die hier im Land, aber auch im Ausland zerstreut sind. Das ist für mich ein Aufhänger. Sollte ich doch versuchen, bei meiner ersten Tour 1989 einen Stein von der „Roten Mühle" aus Wolgograd mitzubringen. Es war mir nicht gelungen. Für wen sollte ich diesen Stein mitbringen? Für die noch lebende Tochter des Besitzers, eines Wolga-Deutschen. Das habe ich Pjotr Popow mitgeteilt. Von dieser Mitteilung war er begeistert. Diese markante, zerschossene, inzwischen historische Ruine mitten in Wolgograd, war schon 1942 für mich ein zentraler Orientierungspunkt. Es ist die Ruine mit den vielen, zerschossenen Fenstern in fünf Stockwerken. Inzwischen ist Popow im Besitz von schönen Bildern der deutschen Familie. Das ist das Vorfeld meines Besuches. Er zeigt das alte Dorf. Um ein Viereck von 150 mal 150 Meter stehen die alten, farblosen Häuser. Es sind Gebäude, nach echt deutschem Stil gebaut. Da ist die alte Apotheke, das Pfarrhaus, das Gemeindehaus, das Wirtshaus, usw. Eine Kolonne von fünfzehn Leuten restauriert das Dorf. In einer großen Halle zeigt man uns, was man schon an Sachen alles gesammelt hat. Das hier anzutreffen, beeindruckt mich sehr. Wir sitzen noch etwas zusammen, dabei erzählt Popow die Zukunftsgestaltung von Alt-Sarepta. Ich nehme jetzt die Gelegenheit war und bitte um einen Stein aus der alten Mühle. Er ist ja der Chef aller Museen von Wolgograd. Er benennt uns die Stelle, wo wir uns Morgen melden sollen.

Montag, den 6. 8., 3.Tag in Wolgograd

Ich ahne, was heute alles auf mich zukommt. Für die Bitte: „Sprechen sie einige Worte", habe ich mich vorbereitet. Mit meiner ganzen Ausrüstung und Fahrrad, fahren wir 20 Kilometer in die Stadt. Im Interflug-Büro bestellen wir eine Rückflugkarte zunächst bis Moskau, für Montag, den 13. 8. 1990. Das kostet uns viel Zeit. Wir können ja nicht wissen, daß circa 500 Menschen auf uns warten, um die Feier zu eröffnen. Dort angekommen, steigen wir die Treppen hoch zur Panorama-Museumsplatte. Wir sind fünf Minuten über der Zeit.

Dann sehe ich den ganzen Aufwand zur Feier. Ein großer Fernseh-Übertragungswagen, Leitungen, Mikrofone, eine Glocke. Die Menschen stehen in einem großen Viereck. Da ist die Stadtbehörde, an ihrer Spitze der Herr Oberbürgermeister, dazu die Landesbehörde. Aber den größten Teil stellten die Veteraninnen und Veteranen. Alle tragen sie ihre Ordensschnallen von der Schlacht der Schlachten. Dann sehe ich Frauen in weiß, viele Schulkinder und

*6. 8. 1990. Im Hintergrund: Funk und Fernsehen auch nach Japan.
Vorne: Ein Sänger.*

6. 8. 1990. Eine Hiroschima-Glocke. Ein Geschenk aus Japan.

Bürger der Stadt. Mir stockt der Atem. „Reiß dich am Riemen, Ewald", spreche ich zu mir. Dann ist es aber auch schon aus mit meinem Denken. Jetzt muß ich handeln. Man delegiert mich in die Mitte, hält mir ein Mikrofon vor, mit der Bitte: „Herr Endres, sprechen sie einige Worte." In aller Ruhe nehme ich mein Konzept und beginne meine Rede:

> *„Meine Reise vom Rhein an die Wolga.*
> *Nach 3500 Kilometern, vom 3. 7. – 3. 8. 1990, mit dem Fahrrad, bin ich heil hier angekommen. Man wird sich fragen, warum habe ich diese lange Fahrt nach hier unternommen? Unsere Städte Köln und Wolgograd gründeten 1988 eine Partnerschaft. Dafür wollte ich ein Zeichen setzen. Ich fühle, daß ist mir gelungen. Die Perestroika ist dabei die Grundlage für den Frieden und unsere Zusammenarbeit. Unsere Zukunft wollen wir sichern. Vor allem aber wollen wir unserer Jugend Hoffnung und Vertrauen vermitteln. Wir sind es ihnen schuldig. Dazu werden wir ein vereintes Europa bauen. Die Zeit dazu ist reif. Gehen wir an die Arbeit.*
>
> *Heute erinnern wir uns an den Tag von Hiroschima, den 6. 8. 1945. Die beiden Namen Hiroschima und Wolgograd sind Mahnung und Verpflichtung genug, für eine bessere Zukunft.*
>
> *Ich Danke."*

Der Oberbürgermeister begrüßt mich und bedankt sich für meine Eröffnungsrede. Jetzt nehme ich mein Rad und stelle mich auch in das große Viereck. Nun rollt die Feierlichkeit ab. Festliche Reden und Trauerchoräle wechseln sich ab. Dann Plötzlich ist Totenstille. Zwei junge Pioniere stellen sich vor die Glocke mit einem 1 Meter langen Holz. Damit stoßen sie zur Abwurfzeit gegen die Glocke und lassen sie dumpf ertönen. Das ganze Geschehen ist durch Funk und Fernsehen nach Rußland und Japan übertragen worden. Allmählich löst sich die Feier auf. Die Veteranen bleiben noch stehen. Ich muß zu ihnen. Sie nehmen mich in die Mitte und alle wollen mir etwas sagen. Ihre Augen sagen mir schon genug. Sie schenken mir Bücher. In ihre Bücher muß ich Autogramme schreiben. Die Musik spielte ja schon immer im gedämpften Ton. Dann aber höre ich eines meiner Lieblingslieder: „Sind so kleine Hände..." usw. Ich will zum Mikrofon laufen, da merke ich, es ist beste Plattenmusik. Diese Musik zum Abschluß der Feier. Nun bin ich ja schon reichlich aufgewühlt. Aber das ist für mich der würdigste Abschluß. Das ganze Geschehen hat ja für mich eine sehr starke Bedeutung. Vor 48 Jahren flog ich genau hier drüber und heute darf ich das erleben.

Derweil hat Oleg den Stein besorgt. Die Feier ist zu Ende. Wir essen noch etwas in der Stadt und fahren dann 20 Kilometer wieder nach Hause zu Oleg mit unseren Rädern.

Vom Rhein bis Wolgograd   Epoche: 1989—1990

Dienstag, den 7..8., 4. Tag in Wolgograd

Wieder steht ein aktuelles Programm auf der Tagesordnung. Um 10.00 Uhr werde ich vom Herrn Oberbürgermeister im Rathaus empfangen. Wir fahren mit dem Taxi dahin. Im Rathaus ist der engere Kreis des Stadtrates versammelt. Herzlich werde ich empfangen. Meine Fernfahrt ist für ihn ein besonderes Geschehen. Ist er doch im Weltradsportverband Oberschiedsrichter. Er hat wohl nicht oft ein so seltenes Exemplar zu empfangen. Dann stellt er die Kardinalfrage: „Herr Endres, was treibt sie nach hier zu solchen Taten?" Die Partnerschaft Köln- Wolgograd ist bei mir etwas zu einfach als Antwort. Frank und Frei erzähle ich dann, daß ich 1942 über Wolgograd geflogen bin. Die gute Zusammenarbeit mit Oleg Petruschin während unserer gemeinsamen Fahrt ab Kiew lobe ich. Auch hört er gerne, daß ich über die Versorgung für mich unterwegs in diesem Jahr, gegenüber dem vergangenen berichten kann. Auch über den internationalen Radsport unterhalten wir uns. Nach dem Austausch von Geschenken sprechen wir über den bevorstehenden Besuch der Kölner Delegation. In diesem Zusammenhang stellt er die Frage an mich, ob ich mit der Delegation am Montag, den 13. 8. 1990 nach Köln zurückfliegen möchte. Ich bejahe das und bin froh, daß damit die Weichen schon gestellt sind. Nun werden die Sachbearbeiter das schon richten. Für die Zukunft wünschen wir uns alles gute und verabschieden uns. Mit dem Taxi fahren wir wieder nach Hause. Wir beide packen unsere Sachen zusammen, denn wir müssen uns trennen. Oleg fährt mit seiner Radsportgruppe in Urlaub, in den Kaukasus. Ich ziehe um in das Intourist-Hotel in die Stadt. Die Tage bis Montag werde ich da leben. Mit allen guten Wünschen verabschieden wir uns.

Mittwoch, den 8. 8., 5.Tag in Wolgograd

Um 9.00 Uhr holt mich der Vorsitzende vom Wolgograder Radsportverein „Orion" zu einer Besichtigungsfahrt ab. Wir fahren in Richtung Norden zum Wolgawasserkraftwerk. Ich habe inzwischen die Strecke von Sarepta im Süden bis zum Staudamm hier im Norden befahren. Es ist von der Entfernung maximal 80 Kilometer Länge. Dafür ist die Stadt in der Breite schmal. Ich gehe zu Fuß über die Staumauer auf die östliche Seite. Pavel folgt mit seinem Wagen. Viel Leben und Geschäftigkeit treffen wir hier an. Langsam fahren wir 20 Kilometer wieder südlich. Ich komme aus dem Staunen nicht heraus. Was hier gebaut wird, ist enorm. Gebaut wird mit Kalksandstein. Auf der Höhe von Wolgograd schwenken wir auf das Wolgaufer zu. Gegenüber dem Panorama-Museum ist eine Autofähre. Die Auf- und Abfahrten der Fähre sind alles andere als gut. Das Wissen über die Stadt hat sich heute wesentlich erweitert.

Donnerstag, den 9.8., 6. Tag in Wolgograd

Heute gestalte ich den Tag selbst. Ich bin alleine. Eine Pause tut mir gut. Nach den vielen Erlebnissen habe ich Stoff zum schreiben. Ich mache einen Stadtbummel. Es ist sehr heiß in der Stadt. Ein gutes Eis gibt es dagegen. Auch Kaffee und Kuchen kann ich kaufen. Dazu die herrliche Limonade. Durch die Markthalle gehe ich. Eine Fülle von Neuigkeiten und Spezialitäten sehe und kaufe ich mir. Ich lebe nicht schlecht. Heute komme ich auch mit meinem Telefongespräch nach Brühl durch. Dabei sage ich, daß ich eventuell mit der Kölner Delegation am Montag nach Hause komme.

Freitag, den 10.8., 7. Tag in Wolgograd

Mein Fahrrad habe ich auch auf dem Zimmer. Kaffee mache ich mir zum Frühstück selbst. Dazu esse ich die Spezialitäten aus der Markthalle. Auch aus dem Devisenladen habe ich mich eingedeckt. Heute hole ich mir mein Flugticket zum Flug nach Moskau. Für den Anschluß nach Düsseldorf wird gesorgt, denke ich. Nun müßte ich doch etwas von der Kölner Delegation hören. Gegen 17.00 Uhr bekomme ich Nachricht. Gegen 18.00 Uhr wird die Delegation mit OB Burger vorbeikommen und mich begrüßen. Die schwere Limousine für Stadtgäste fährt gegen 17.30 Uhr vor. Mit dem 1.Sekretär warten wir auf die Gruppe, denn sie hat einen kleinen Stadtbummel damit verbunden. Gegen 18.00 Uhr kommen sie an und ich werde vom Herrn Oberbürgermeister begrüßt, zugleich gratuliert er mir zu dieser Leistung. Die Herren haben es sehr eilig und eilen weiter zu anderen Verpflichtungen.

Samstag, den 11.8., 8. Tag in Wolgograd

Der Radsportverein hat heute am Wolga-Ufer auf der Promenade eine Sport- und Geschicklichkeitsveranstaltung. Ich möchte doch erscheinen und einige Worte hier sprechen. Um 16.00 Uhr fängt es an. Viele Sportarten werden hier von den Vereinen vorgeführt. Ein Rundfunkwagen aus Moskau ist auch aufgefahren. Viele Menschen stehen auf der Uferpromenade. Mit Hallo werde ich von dem Vorsitzenden empfangen und über Mikrofon vorgestellt. Nach geraumer Zeit bin ich wieder dran. Bitte sprechen sie, Herr Endres. Nun liegt es ja in diesem Falle auf der Hand, welche Themen ich ansprechen werde. Den Sport in seiner Bedeutung für den Menschen. Der lebende Beweis bin ich selbst. Das sage ich nicht, sondern der Reporter von Radio Moskau. Meine Rennmaschine habe ich auch mitgebracht. Sie wird bestaunt und fachmännisch beurteilt. Gerne lasse ich auch einige Sportsfreunde damit fahren. Über ihre Aktivitäten wundere ich mich sehr. Wir haben wohl technisch besser ausgerüstete Räder. Aber sie haben hier im Verein ein besseres Programm in Bezug auf Alternativen zum Radsport. Sie haben einen Wettbewerb im Geschicklichkeitsfahren und im Sicherheitstraining. Ihre Touren in den Ferien werden auf der Krim, im Kaukasus, im Pamir usw. durchgeführt. Es ist ein junger und sportlicher Verein mit vielen Aktivitäten. Die Abendsonne senkt sich über die Wolga. Mit einem „Da swidannja" verabschieden wir uns.

Sonntag, den 12. 8., 9. Tag in Wolgograd

Der letzte Tag hier ist für mich angebrochen. Ruhig treffe ich meine Vorbereitungen für den Abflug morgen früh. Um 7.00 Uhr startet die Maschine ab Flughafen Gumrak. Ein Taxi ist für 6.00 Uhr bestellt. Das Rad mit Gepäck wird transportbereit gemacht. Die Handgriffe dazu kenne ich inzwischen. Was ich aber nicht kenne sind die Zufälligkeiten, denen man in meiner Situation immer ausgesetzt ist. Ich meine speziell den Transport vom Fahrrad im Flugzeug. Am Nachmittag besuche ich noch die erste Schleuse des Wolga-Don-Schiffahrtskanals. Es ist ein mächtiges Bauwerk. Zugleich auch ein würdiger Abschluß meiner Reise mit dem Fahrrad nach Wolgograd. Für mich persönlich ist diese Fahrt von besonderer Bedeutung. Ich bin dankbar dafür, daß ich das alles noch erleben darf. Den Tag lasse ich ausklingen.

Montag, den 15. 8., Abflug von Wolgograd

Pünktlich werde ich geweckt. Das Taxi kommt auch und ich bin pünktlich zum Abflug in Gumrak. Alles läuft nach Plan. Die Formalitäten werden erledigt. Die Kölner Delegation treffe ich auch und schließe mich ihr an. Mein Rad trage ich selbst in die Maschine in einen etwas größeren Handgepäckraum. Darüber wundere ich mich. Der Dolmetscher sagt mir, für den Weiterflug nach Düsseldorf habe er keinen Flugschein bekommen. Das hat mir noch gefehlt. Wir landen in Moskau. Hier organisiert er einen kleinen Bus für die Fahrt von Moskau-Süd bis Moskau-Nord. Vor dem Intourist-Hotel halten wir. Ich steige aus und gehe hinein. Nach dem Abflug der Delegation werde er gegen 18.00 Uhr nach hier kommen. Ich möchte schon ein Doppelzimmer bestellen. Warum konnte ich denn nicht mitfliegen? Damit habe ich fest gerechnet. Daß ich alles selber bezahle ist ja bekannt. Nun wird das mit der Wiedersehensfeier heute Abend nichts. Der Bus fährt weiter. Mein Rad gebe ich in die Gepäckaufbewahrung. Zur Rezeption gehe ich und bestelle ein Doppelzimmer. Ja, aber das kostet 160 Dollar. Ich denke, ich höre nicht recht. Nun gehe ich erst einmal essen. Ich kann ja nichts ändern. Danach kann ich wohl klarer sehen. Mein Schicksal muß ich selbst in die Hand nehmen. Also gehe ich im Hotel in ein Reisebüro. Man spricht von großen Schwierigkeiten und es würde einige Tage dauern. Nach zwei

Stunden möchte ich noch einmal vorsprechen. Ich komme wieder, in zwei Tagen kann ich ein Flugticket über Prag nach Frankfurt bekommen. Über Prag, mit umsteigen, das liegt mir schwer im Magen. Ich alleine und mit dem Fahrrad ist ein sehr großes Risiko für 950 DM.

Das Angebot überschlage ich. Eine Alternative habe ich nicht. Das Ticket kaufe ich. Der Heimflug soll mir schon gelingen. Dann setze ich mich auf eine Bank, warte, grübele und beobachte. Viel sehe ich, Figuren und Gestalten. Gegen 18.00 Uhr erscheint auch der Dolmetscher wieder. Da ich kein Zimmer zu diesem Preis genommen habe, bemüht er sich selbst darum. Schon bald hat er ein Zimmer für uns zum normalen Preis. Wir essen noch im Hotel und fahren anschließend in die Unterkunft. Dieselbe ist sehr dürftig. Ein altes Mütterchen zeigt uns das Zimmer. Der Dolmetscher fällt in einen tiefen Schlaf, bis zum Morgen. Ich kann kein Auge zu tun.

Dienstag, den 14. 8., Rückflug Heimat

Brausen muß ich mich, so kann ich nicht unter die Menschen gehen. Zum Hotel fahren wir wieder zurück. Wie nehmen ein Frühstück zu uns. Dann eröffnet er mir, er muß sofort nach Wolgograd. Ohne Kommentar nehme ich das zur Kenntnis. Wir verabschieden uns. Jetzt bin ich allein. In zwei Tagen kann ich weiter. Da kommt mir ein Gedanke. Die Kölner Delegation ist mit einer Lufthansa-Maschine geflogen. Frag' doch einmal wann und wie oft sie nach Düsseldorf fliegen. Ich rufe das Büro auf dem Flughafen an. Eine junge Frau meldet sich. Meine Situation schildere ich ihr. Ja, heute Nachmittag fliegt eine Maschine nach Düsseldorf. Ich informiere sie, daß ich schon einen Flugschein über Prag habe. Den buchen wir um, sagt sie. So froh war ich selten, wie in diesem Augenblick. Jetzt überschlagen sich die Vorbereitungen für den Heimflug. Immer wieder muß ich mich fragen, hast du geträumt oder ist es war, daß ich heute Abend zu Hause bin? Mein Rad nehme ich und gehe zum Taxistand. Nach einer halben Stunde bin ich auf dem Flugplatz. Sofort bekomme ich meinen Flugschein. Der andere Schein wird verrechnet. gegen 15.00 Uhr startet die Maschine. Ich bin glücklich und seelig. Nach einem schönen Flug landen wir gegen 18.00 Uhr in Düsseldorf. Bald bin ich bei meiner Familie und in meinen vier Wänden.

Die Beurteilung meiner Reise aus der Sicht der Partnerstadt Wolgograd möchte ich den Lesern nicht vorenthalten. Diese Beurteilung betrachte ich als ein Zeitdokument unter dem Gesichtspunkt unserer beiderseitiger Vergangenheit. Die Zeitung schreibt wie folgt:

Vom Rhein bis Wolgograd Epoche: 1989–1990

Auszug aus dem Wolgograder Tageblatt vom 18. .8. 1990:
„Verbindungen zwischen Partnerstädten. Alter bedeutet kein Hindernis.

Zur Zeit steht im Mittelpunkt des russischen Menschen ein Deutscher, ein ausgesprochener Genauigkeitsmensch, ein Rationalist, ein Dogmatiker. Nun ja, die Einwohner der westdeutschen Stadt Köln stürmen die Gipfel der Tiroler Alpen, schwimmen durch den Ärmelkanal, besuchen die Arktis und vollbringen Vieles mehr aus Liebe zum Außergewöhnlichen.

Der Vertrag, welcher vor Tagen vom Oberbürgermeister der Stadt Köln, Norbert Burger und dem Vorsitzenden des Wolgograder Stadtparlaments unterzeichnet wurde, ist ein weiterer Beweis ständig wachsender Verbindung. Aber es mehren sich nicht nur offizielle (amtliche) Beziehungen. Mitglieder der deutschen Delegation welche Wolgograd besuchten, trafen sich mit Einwohnern der Stadt, befragten sie über die Perestroika und erzählten von sich selbst.

Einer dieser nichtamtlichen Deutschen ist Ewald Endres. gerade wegen seiner Bemerkung auf Russisch, er nicht bum bum, wurde seine Sprache der Freundschaft doch sehr gut verstanden. Unsere Landsleute waren hingerissen von seiner sportlichen, würdevollen Leistung und wunderten sich über sein entschlossenes, umsichtiges und verständnisvolles Auftreten. Es handelt sich darum, daß Ewald selbstfahrend mit dem Fahrrad in unsere Stadt gekommen ist und das unabhängig von seinem fortgeschrittenem Alter. Über so viele Grenzen und Länder, von Köln nach Wolgograd. Was trieb diesen zähen Deutschen (fast auf russische Art), was ließ ihn wagen, sich auf die Probleme der Straßen zu begeben? Die Freundschaft, erzählt Ewald, welche keine Grenze hat und keine Hindernisse kennt. Rußland ist groß und hier lebt ein bedeutendes Volk. Das wurde ihm besonders bewußt auf der weiten Fahrt. Allgemeines Interesse an ihm mit viel Aufmerksamkeit und Hifsbereitschaft in den Städten und Ortschaften, auf den Straßen und in Restaurants hat er festgestellt. Dieses war mein höchstpersönlicher Drang nach Osten, scherzt Ewald. Ohne Waffen habe ich erreicht, was keine Armee bislang schaffte. Ich habe Rußland und Stalingrad eingenommen. Aber auf die Frage, ob nicht das Alter für eine so vielsagende Bemerkung verantwortlich sei, lachte Ewald herzlich, hob den rechten Daumen und sagte, er sei noch jung.

Wenn es um Freundschaft geht, ist Alter kein Hindernis.

Nachwort

Das 20. Jahrhundert naht seinem Ende. Mit zwei Weltkriegen geht es in die Geschichte ein. Aus seinen Fehlern müssen wir lernen. Den damals Verantwortlichen hat es keinen Ruhm und Ehre eingebracht. Als Folge erleben wir jetzt eine schwere Krise. Die Schadensbegrenzung müssen nun alle Völker tragen.

Bewahren wir unsere schöne Erde vor größerem Unheil.

Brühl, im November 1993 *Der Verfasser*